Armamentos Nucleares e Guerra Fria

Coleção Khronos

Dirigida por J. Guinsburg

Equipe de realização — Tradução: Sergio Pomerancblum; Revisão: Plinio Martins Filho e Vera Lucia Bolognani; Produção: Plinio Martins Filho; Capa: Walter Grieco.

Claude Delmas
Armamentos Nucleares e Guerra Fria

EDITORA PERSPECTIVA

Título do original
Armaments Nucléaires et Guerre Froide

Copyright © Flamarion, 1971.

Direitos reservados em língua portuguesa à
EDITORA PERSPECTIVA S.A.
Av. Brigadeiro Luís Antônio, 3025
01401 — São Paulo — Brasil
Telefone: 288-8388
1979

SUMÁRIO

CRONOLOGIA 6
AS GRANDES CRISES DA GUERRA FRIA 19
PREFÁCIO 21
PRIMEIRA PARTE: OS FATOS 29

1. O Desmoronamento da "Grande Aliança" 30
2. Da "Grande Aliança" aos Dois Grandes 47
3. As Convenções da Guerra Fria 67
4. A Caminho da Coexistência Pacífica 84

CONCLUSÃO 98
SEGUNDA PARTE: ELEMENTOS DE DOCUMEN-
TAÇÃO E ESTADO DA QUESTÃO 101

Documentos e Opiniões 102
Problemas e Discussões de Interpretação 112

BIBLIOGRAFIA 149

CRONOLOGIA*

1945

4 de fevereiro	Conferência de Yalta.
12 de abril	Morte de Roosevelt. — Truman assume a presidência dos Estados Unidos.
25 de abril	Encontro das tropas americanas e russas no Elba.
8 de maio	Capitulação da Alemanha.
12 de maio	Telegrama de Churchill a Truman: "A cortina de ferro".
16 de julho	*Prova da primeira bomba atômica americana.*
17 de julho	Conferência de Potsdam.
6 de agosto	*Destruição de Hiroshima (bomba de urânio-235).*
8 de agosto	Declaração de guerra da U.R.S.S. ao Japão.
9 de agosto	*Destruição de Nagasaki (bomba de plutônio).*
15 de agosto	Capitulação do Japão.
16 de agosto	*Publicação do Relatório Smyth. — Relatório oficial do programa atômico americano.*
18 de outubro	*Criação da C.E.A. francesa.*
29 de outubro	*Criação do Centro de Pesquisa da Energia Atômica inglês.*
15 de novembro	*Acordo anglo-americano-canadense sobre o átomo (as informações relativas à bomba atômica serão mantidas em segredo enquanto a O.N.U. não tenha adotado um plano de controle).*
26 de dezembro	*Conferência de Moscou (discussão do controle).*

1946

29 de janeiro	*Criação da Divisão da Produção da Energia Atômica na Inglaterra (para a produção do plutônio).*

* Em virtude do papel primordial desempenhado pelo desenvolvimento das armas nucleares, os eventos que dizem respeito às questões nucleares são apresentados em grifo.

5 de março	Discurso anti-soviético de Churchill em Fulton.
16 de junho	*Os Estados Unidos propõem, perante a O.N.U., o "plano Baruch" de "mundialização" da energia atômica — plano rejeitado pela União Soviética.*
30 de junho — 24 de julho	*Explosões atômicas americanas em Bikini. Promulgação da "lei MacMahon" sobre a energia atômica, proibindo a divulgação de informações a todos os países.*
23 de novembro	Bombardeio de Haiphong. — Início da guerra da Indochina.
31 de dezembro	*Recomendação do "plano Baruch" pela comissão da O.N.U. — Nova rejeição do plano pela U.R.S.S.*

1947

7 de janeiro	Demissão de Byrnes. — Marshall assume como Secretário de Estado.
4 de março	Tratado franco-britânico de Dunquerque.
12 de março	"Doutrina Truman" para ajuda à Grécia e à Turquia. — Exclusão dos comunistas do governo italiano. Fracasso da Conferência de Moscou sobre o tratado de paz com a Alemanha.
5 de maio	Exclusão dos comunistas do governo francês.
5 de junho	Lançamento do "Plano Marshall".
11 de junho	*Apresentação, pela U.R.S.S., de um plano de controle visando pôr um fim ao aperfeiçoamento das armas atômicas. — Plano que previa uma limitação estrita da inspeção internacional.*
2 de julho	Rejeição do "Plano Marshall", pela U.R.S.S.
12 de agosto	*Reação em cadeia no primeiro reator atômico experimental britânico.*
23 de setembro	Enforcamento de Nicolas Petkov.
5 de outubro	Criação do Kominform.
21 de novembro	Dissolução dos partidos de oposição na Polônia e da Hungria.
30 de dezembro	Abdicação do Rei Michel, da Rumânia.

1948

25 de fevereiro	"Golpe de Praga".
17 de março	Tratado de Bruxelas. — Criação da "União Ocidental".
3 de abril	Entrada em vigor do "Plano Marshall".
16 de abril	Criação da O.E.C.E.
12 de maio	*Decisão da Grã-Bretanha de produzir armas atômicas.*
11 de junho	Adoção da "resolução Vandenberg-Connaly" pelo Senado dos Estados Unidos.
18 de junho	Reforma monetária nos setores ocidentais da Alemanha e de Berlim. Início do Bloqueio de Berlim.
28 de junho	Exclusão da Iugoslávia do Kominform.
12 de dezembro	*Reação em cadeia no primeiro reator atômico experimental francês.*

1949

7 de janeiro	Dean Acheson assume o cargo de Secretário de Estado.
24 de janeiro	Criação do C.O.M.E.C.O.N.
28 de janeiro	Criação do Conselho da Europa.
31 de janeiro	Entrada das tropas comunistas em Pequim.
16 de fevereiro	Queda das barreiras alfandegárias entre as zonas ocidentais da Alemanha e de Berlim.
4 de abril	Tratado de Washington. — Criação da O.T.A.N.
5 de maio	Proclamação da República Federal da Alemanha.
11 de maio	Levantamento do Bloqueio de Berlim.
29 de agosto	*Explosão da primeira bomba atômica soviética.*
22 de setembro	Lazlo Rajk é condenado à morte.
24 de setembro	Truman revela a explosão da bomba russa.
1º de outubro	Proclamação da República Popular da China.
7 de outubro	Proclamação da República Democrática Alemã.

21 de outubro	Condenação dos líderes comunistas nos Estados Unidos.
14 de dezembro	Enforcamento de Kostov em Sofia.

1950

2 de janeiro	*Truman ordena a fabricação da bomba de hidrogênio.*
14 de fevereiro	Tratado de aliança soviético-chinês.
19 de março	*Ofensiva dos partidos comunistas para a proibição da bomba atômica.*
9 de maio	Lançamento do "Plano Schuman".
25 de junho	Desencadeamento da guerra da Coréia.
27 de junho	Intervenção das forças americanas na Coréia.
3 de novembro	Intervenção dos "voluntários" chineses na Coréia.
30 de novembro	*Truman alude à possibilidade do emprego da bomba atômica na Coréia.*
19 de dezembro	Eisenhower assume o comando supremo das forças da O.T.A.N. na Europa.

1951

11 de abril	MacArthur é destituído de seu comando.
18 de abril	Tratado de Paris. − Criação da C.E.C.A.
12 de maio	*Primeiro ensaio da bomba de hidrogênio americana.*
10 de julho	Início das conversações para o estabelecimento do armistício na Coréia.
8 de setembro	Tratado de paz Washington-Tóquio. − Aliança americano-nipônica.
3 de outubro	*Explosão da segunda bomba atômica soviética. − Ensaio anunciado pelos Estados Unidos e confirmado pela U.R.S.S.*
22 de outubro	Truman anuncia uma terceira explosão atômica soviética.
31 de outubro	Prisão de Gomulka em Varsóvia.
13 de novembro	Prisão de Slansky em Praga.

1952

18 de fevereiro	Reorganização da O.T.A.N. − Adesão da Grécia e da Turquia à O.T.A.N.

26 de maio	Acordos de Bonn entre a República Federal Alemã e os "3" Ocidentais.
27 de maio	Assinatura do tratado, estabelecendo uma Comunidade européia de defesa.
31 de maio	Ana Pauker cai em desgraça, em Bucareste.
13 de outubro	*Primeira explosão atômica inglesa.*
1º de novembro	*Explosão da primeira bomba termonuclear americana, em Eniwetok.*
4 de novembro	Eisenhower assume a presidência dos Estados Unidos.
3 de dezembro	Rudolf Slansky é executado em Praga.

1953

13 de janeiro	Prisão dos "assassinos".
20 de janeiro	Eisenhower faz propostas para o desarmamento.
2 de fevereiro	Desneutralização de Formosa.
5 de março	Morte de Stalin.
6 de março	Malenkov assume a presidência do Conselho soviético.
16 de junho	Rebelião em Berlim Ocidental.
10 de julho	Anúncio da prisão de Beria.
27 de julho	Armistício na Coréia.
8 de agosto	*Malenkov anuncia que os Estados Unidos não mais dispõem do monopólio termonuclear.*
12 de agosto	*Primeira explosão termonuclear soviética.*
setembro	*Rearmamento das forças terrestres americanas com obuses atômicos.*
3 de setembro	Kruschev torna-se primeiro secretário do partido comunista.
4 de dezembro	Conferência de cúpula dos Ocidentais, nas Bermudas.
8 de dezembro	*Plano americano "Átomos para a paz".*

1954

12 de janeiro	Foster Dulles anuncia as "represálias maciças".
25 de janeiro	Conferência dos "4 Grandes", em Berlim.

1º de março	*Explosão de uma bomba atômica americana de 15 megatons.*
26 de abril	Abertura da Conferência de Genebra sobre a Coréia e a Indochina.
7 de maio	Queda de Dien-Bien-Phu.
28 de junho	Proclamação dos "5 princípios da coexistência pacífica" por Chou En-lai e Nehru.
20 de julho	Assinatura do armistício na Indochina.
30 de agosto	*Alteração da "lei MacMahon", que se torna a "lei sobre a energia atômica", permitindo o acesso dos aliados dos Estados Unidos às informações atômicas, tendo em vista o emprego de armas atômicas.*
5 de setembro	Início do bombardeio das ilhas Quemói e Matsu.
29 de setembro	Estada de Kruschev e Bulganin em Pequim.
3 de outubro	Acordos de Paris sobre o rearmamento da República Federal da Alemanha.
23 de outubro	Acordos de Paris sobre a reentrada da República Federal da Alemanha na O.T.A.N. — Criação da U.E.O.
1º de novembro	Início da guerra da Argélia.
dezembro	*Lançamento ao mar do "Nautilus", primeiro submarino atômico americano. — Inscrição da questão das armas atômicas na ordem do dia da sessão ministerial do Conselho Atlântico.*

1955

8 de fevereiro	Malenkov é substituído por Bulganin. — Aceitação do princípio de evacuação da Áustria por Molotov.
24 de fevereiro	Assinatura do pacto de Bagdad.
9 de março	Condenação de Imre Nagy, em Budapest.
12 de abril	*Declaração de Edgar Faure, segundo a qual a França não realizará estudos para a utilização militar do átomo.*
17 de abril	Conferência afro-asiática de Bandung.
14 de maio	*Primeiro protocolo francês entre o*

	C.E.A., o Ministério das Finanças e o Ministério das Forças Armadas, para a fabricação das armas atômicas.
15 de maio	Assinatura do Tratado de Estado austríaco.
22 de maio	Fim das operações no estreito de Formosa.
3 de junho	Conferência de Messina. — Decisão no sentido da criação de uma comunidade econômica européia.
18 de julho	*Abertura da Conferência de Genebra. — Eisenhower propõe um plano de inspeção "a céu aberto".*
agosto	*Primeira conferência de Genebra sobre a energia atômica.*
9 de setembro	Relações diplomáticas entre a República Federal Alemã e a U.R.S.S.
27 de setembro	Primeiras entregas de armas tchecas ao Egito.
15 de outubro	*Explosões atômicas britânicas em Woomera.*
27 de outubro	Fracasso da conferência dos "4 Grandes", em Genebra.
23 de novembro	*Explosão termonuclear russa, anunciada por Kruschev no dia 27, especificando que a bomba foi lançada de um avião voando a uma grande altitude.*

1956

22 de janeiro	*Reação em cadeia no primeiro reator atômico francês produtor de plutônio.*
14 de fevereiro	XX Congresso do P.C. soviético. — Discurso de Kruschev contra Stalin.
17 de abril	Dissolução do Kominform.
28 de junho	Manifestações anti-soviéticas em Poznam.
3 de julho	*Decisão francesa de adiar a primeira explosão atômica francesa para 1961.*
18 de julho	Demissão de Rakosi da direção do P. C. húngaro.
26 de julho	Nacionalização do Canal de Suez.
23 de outubro	Início da insurreição húngara.
26 de outubro	*Assinatura dos estatutos da Agência*

	Internacional de Energia Atômica.
29 de outubro	Intervenção franco-britânica em Suez.
6 de novembro	Reeleição de Eisenhower.

1957

27 de fevereiro	Primeiro discurso de Mao·Tse-tung sobre as "cem flores".
21 de março	*Acordo anglo-americano sobre os mísseis estratégicos.*
24 de março	Tratados de Roma, criando a C.E.E. e a EURATOM.
17 de abril	*Publicação do livro branco britânico sobre a Defesa.*
16 de maio	*Explosão da primeira bomba atômica britânica, na ilha Christmas.*
6 de junho	Exclusão de Molotov, Malenkov e Kaganovitch do Comitê Central do P.C.
26 de agosto	*Lançamento do primeiro míssil intercontinental russo.*
2 de outubro	*"Plano Rapacki", propondo a criação de uma "zona desnuclearizada" na Europa.*
4 de outubro	*Lançamento do primeiro "Sputnik".*
15 de outubro	*Acordo atômico secreto Moscou-Pequim.*
3 de novembro	*Lançamento do segundo Sputnik, levando um cão a bordo.*
6 de dezembro	*Fracasso americano na colocação de um satélite em órbita.*
19 de dezembro	*Decisão do Conselho Atlântico sobre a posse de armas atômicas e às condições de seu emprego.*

1958

31 de janeiro	*Primeiro satélite americano "Explorer".*
1º de março	Kruschev assume a presidência do Conselho, em substituição a Bulganin.
31 de março	*Decisão soviética de suspender as provas atômicas.*
23 de abril	*Decisão francesa de preparar as primeiras explosões atômicas para o primeiro trimestre de 1960.*
3 de maio	Anúncio do "grande salto para a frente na China". — *Rejeição do "Plano*

	Rapacki" pelos Estados Unidos.
15 de maio	*Terceiro satélite soviético.*
17 de junho	Execução de Imre Nagy e Maleter.
2 de julho	*Modificação da "lei MacMahon" em benefício dos aliados que conseguiram realizar "progressos substanciais" no campo atômico.*
7 de agosto	*Término da travessia do Ártico pelo submarino "Nautilus".*
29 de agosto	Lançamento das "comunas populares", na China.
setembro	*Segunda Conferência de Genebra sobre a energia atômica.*
31 de outubro	*Abertura da conferência tripartite sobre o fim das provas atômicas.*
3 de novembro	*Última bomba soviética antes da moratória sobre as provas atômicas.*
4 de novembro	"Recolocação" da questão de Berlim por Kruschev.

1959

1º de janeiro	Vitória de Castro em Cuba.
11 de maio	Abertura da conferência dos Ministros de Relações Estrangeiras, em Genebra, sobre a Alemanha e Berlim.
15 de abril	Foster Dulles é substituído por Christian Herter.
15 de junho	*Moscou denuncia seu acordo atômico com Pequim.*
14 de setembro	*Foguete soviético na lua.*
15 de setembro	Chegada de Kruschev aos Estados Unidos.
30 de setembro	Estada de Kruschev em Pequim.
1º de dezembro	*Lançamento ao mar do primeiro submarino nuclear americano equipado com mísseis "Polaris".*
3 de dezembro	*Proposição da Assembléia da U.E.O. a favor de uma força nuclear estratégica européia.*
	Proposições do general Norstad para uma nova repartição das ogivas nucleares no quadro da O.T.A.N.
17 de dezembro	Decisão da O.T.A.N. no sentido de ela-

borar planos a longo prazo em todos os setores, militares e não militares.

1960

7 de janeiro	*Declaração de Eisenhower sobre o alcance e a precisão dos M.B.I.C. "Atlas".*
20-31 de janeiro	*Lançamentos de foguetes soviéticos dotados de um alcance de 12.500 km e de uma precisão de 2 km.*
11 de fevereiro	*Proposições americanas para uma proibição de todas as provas nucleares que produzam sinais sísmicos inferiores a 4,75.*
13 de fevereiro	*Primeira bomba atômica francesa, em Reganne.*
23 de março	Estada de Kruschev em Paris.
19 de março	*A U.R.S.S. propõe uma moratória para os ensaios nucleares.*
7 de abril	Substituição de Voroshilov por Brejnev.
14 de abril	*Oferta americana de venda dos "Polaris" aos membros da O.T.A.N. para a constituição de uma força estratégica à disposição do comando da O.T.A.N. na Europa.*
1º de maio	*Um avião-espião americano "U-2" é derrubado na U.R.S.S.*
16 de maio	Abertura da conferência de cúpula que fracassou, em Paris.
8 de junho	Primeiras repercussões públicas da tensão sino-soviética.
12 de setembro	Ulbricht assume a presidência da R.D.A.
12 de outubro	*Proposições de Norstad no sentido de tornar a O.T.A.N. uma potência nuclear.*
7 de novembro	John Kennedy assume a presidência dos Estados Unidos.
10 de novembro	Abertura, em Moscou, da conferência dos 81 P. C.
2 de dezembro	*A assembléia da U.E.O. pede uma força nuclear para a O.T.A.N.*
6 de dezembro	*Lei-programa francesa para a constituição de uma força nuclear em cinco anos.*
18 de dezembro	Sessão do Conselho Atlântico: estudo do projeto de uma força multilateral

de artefados de médio alcance. — A O.T.A.N. deixa de adotar a doutrina de represálias maciças.

1961

3 de janeiro	Ruptura das relações diplomáticas entre os E.U.A. e Cuba.
6 de janeiro	Discurso de Kruschev sobre as "guerras de libertação".
12 de abril	*Primeiro vôo espacial tripulado, realizado pela U.R.S.S.*
17 de abril	Desembarque frustrado dos exilados cubanos na Baía dos Porcos.
5 de maio	*Primeiro vôo espacial tripulado realizado pelos Estados Unidos.*
10 de maio	*Os Estados Unidos propõem-se a colocar 5 submarinos equipados com foguetes "Polaris" à disposição da O.T.A.N.*
17 de maio	*Reafirmação dessa oferta por Kennedy, e proposição de criação de uma força nuclear da O.T.A.N.*
3 de junho	Reencontro Kennedy-Kruschev em Viena.
1º de agosto	*Decisão britânica de renunciar aos foguetes "Thor" de combustível líquido.*
6 de agosto	*Lançamento de um astronauta soviético ao espaço por mais de 24 horas.*
13 de agosto	Construção do muro de Berlim.
29 de agosto	*Reinício das provas atômicas soviéticas.*
20 de setembro	*Acordo americano-soviético sobre os "princípios do desarmamento".*
4 de dezembro	*Adoção pela Assembléia Geral da O.N.U. de uma resolução sobre a prevenção de uma maior difusão das armas nucleares.*
10 de dezembro	Ruptura das relações albano-soviéticas.

1962

6 de janeiro	*Adiamento da conferência de Genebra sobre a proibição das provas nucleares.*
7 de fevereiro	*Retomada das provas inglesas e americanas.*
10 de fevereiro	*Declaração britânica sobre o potencial nuclear soviético.*

20 de fevereiro	*Primeiro vôo orbital americano pelo coronel Glenn.*
16 de março	*Em seguida a um referendum, a Suíça decide não renunciar às armas atômicas.*
8 de maio	*Primeiro lançamento de uma bomba de hidrogênio por um "Polaris".*
12 de maio	*Explosão atômica subterrânea francesa.*
16 de junho	*Definição da "doutrina MacNamara" de unidade de controle e de comando, e de "resposta gradual".*
19 de julho	*Primeiro teste de um míssil antimíssil americano.*
13 de setembro	*Os Estados Unidos põem a U.R.S.S. em guarda, quanto à instalação de armas ofensivas em Cuba.*
27 de setembro	*Proclamação americana em favor de uma força nuclear européia.*
18 de outubro	*A força aérea americana identifica a presença de foguetes soviéticos em Cuba.*
22 de outubro	Bloqueio de Cuba.
28 de outubro	*Retirada dos foguetes soviéticos de Cuba.*
20 de novembro	Retirada dos bombardeiros soviéticos de Cuba. — Fim do bloqueio.
4 de dezembro	*Nova recomendação da U.E.O. a favor de uma força nuclear da O.T.A.N.*
21 de dezembro	*Acordo de Nassau, assinado por Kennedy e Macmillan, sobre o armamento atômico.*

1963

14 de janeiro	*A França se recusa a participar do acordo de Nassau* e manifesta-se contra a entrada da Grã-Bretanha no Mercado Comum.
22 de janeiro	Tratado franco-alemão.
28 de janeiro	*Abertura das negociações, no seio do Conselho Atlântico, sobre a criação de uma força nuclear multilateral.*
30 de janeiro	*Retirada da Itália e da Turquia dos foguetes "Júpiter".*
21 de maio	*Acordo americano-soviético de cooperação para a utilização pacífica da energia nuclear.*

14 de junho	Requisitório do P.C. chinês contra o P.C. russo.
20 de junho	*Assinatura do acordo americano-soviético sobre o "telefone vermelho".*
5 de agosto	*Tratado de Moscou sobre a interdição das provas nucleares.*
22 de novembro	Assassinato de John Kennedy. — Johnson assume a presidência dos Estados Unidos.

AS GRANDES CRISES DA GUERRA FRIA

1945-1947: Turquia
1945-1949: Grécia
1945-1946
1951-1953: Irã
1946-1954: Indochina
1948: Finlândia
1948
1953: Iugoslávia
1948: Tchecoslováquia
1950-1953: Coréia
1954: Guatemala
1956: Polônia
1956: Hungria-Suez
1957: Jordânia
1958: Síria-Líbano
1958: Iraque
1960: Tibete
1960-1962: Himalaia
1961-1962: Cuba
e
1948-1949
1953
1958-1962: Berlim

PREFÁCIO

A guerra fria é, ao mesmo tempo, um período da história do mundo originário da Segunda Guerra Mundial e um novo estado de relações entre a beligerância e a não-beligerância. Ela não é a paz, porém não é também a guerra em sua forma clássica. Através dela, se opõem potências que mantêm relações diplomáticas normais e que participam das mesmas conferências. Ainda que ela seja, segundo as definições clássicas da guerra, "um conflito entre grandes interesses", não se amplifica a ponto de um enfrentamento militar. Nesse sentido, ela pode ser definida como uma das conseqüências das possibilidades de utilização militar da energia nuclear e só pode ser plenamente explicada em função da tomada de consciência de suas conseqüências. É verdade que em Washington já se utilizou essa fórmula para designar a forma assumida pelas hostilidades entre a França e a Alemanha antes de maio de 1940. Porém havia, nessa ocasião, um "estado de guerra", os exércitos dos dois países não apenas se encontravam frente a frente, eles combatiam um contra o outro. Uma vez admitido este fato, pouco importam as formas, por vezes surpreendentes, assumidas pelo combate. A guerra fria se define como um antagonismo fundamental de idéias e de interesses que não se amplifica até o estado de beligerância "clássica".

Assim concebida — e é exatamente dessa maneira que esta fórmula permanecerá registrada pela história — a guerra fria está ligada por uma relação de causa e efeito à grande rivalidade que, opondo a princípio os Estados Unidos e a União Soviética, não tardou a opor dois blocos e a tomar uma coloração e um significado ideológicos. Enfim, a guerra fria se desenvolveu no início da "era nuclear", uma vez que o estado de desenvolvimento dos armamentos implicava um "tudo ou nada" — ou uma guerra de destruição massiva (que a União Soviética não teria sido capaz de evitar, em virtude do atraso com que se engajou na corrida armamentista nuclear), ou uma ausência de estado de guerra (o que eliminava a possibilidade de um enfrentamento direto, ainda que limitado). Limitação dos meios a serviço de "apostas" ilimitadas, esta é a característica fundamental da guerra fria.

O antagonismo russo-americano não data de 1945. Por certo, existem muito poucos exemplos de alianças que tenham se mantido, uma vez alcançados seus objetivos; a força das lembranças não se constitui em cimento suficientemente forte para tal. Tanto é assim que mesmo antes da queda do III Reich e da capitulação do Japão, a "grande aliança" não estava isenta de segundas intenções e de reticências.

Esse antagonismo russo-americano data de 1917, isto é, da revolução que substituiu o regime tzarista pelo regime comunista? O ano de 1917 foi marcado por essa revolução e pela entrada dos Estados Unidos na guerra. Em 2 de abril, em sua mensagem ao Congresso, o presidente Wilson formulou uma aspiração:

Estabelecer a paz no mundo sobre os fundamentos experimentados da liberdade política.

Mas, no mesmo ano, perante o Congresso dos Sovietes, Trotski, Comissário do Povo para Relações Exteriores, declarava:

Ou a revolução russa desencadeará um movimento revolucionário na Europa, ou as potências européias esmagarão a revolução russa,

e ele acrescentava:

Lenin e Wilson são os antípodas apocalípticos de nossos tempos.

Se a fórmula "antípodas apocalípticos" é, pois, nova, a idéia que ela exprime não o é. Já em 1790, afirmava Melchior Grimm:

Dois impérios dividirão entre si... todas as vantagens da civilização, da força, do talento, das letras, das artes, das armas e da indústria: a Rússia, do lado do Oriente, e a América, que se tornou livre em nossos dias, pelo lado do Ocidente, e nós, povos do centro, seremos muito degradados, muito aviltados, para que saibamos o que fomos, no passado, a não ser por uma vaga e estúpida tradição.

Desde esse momento, a América e a Rússia causarão inquietação à imaginação histórica dos "povos do centro". Em 1797, Jean de Müller anuncia que "o futuro pertencerá ou à América, ou à Rússia". Napoleão, em seu *Memorial de Santa Helena*, prevê que o mundo será, em pouco tempo, "República america ou Monarquia universal russa". Contemporâneo de Metternich, o abade de Pradt publica, em 1823, um *Paralelo entre o poder inglês e russo com respeito à Europa*, onde anuncia que

a América e a Rússia estão destinadas, uma a renovar o velho mundo, a outra a tentar dominá-lo.

Precursor de Churchill ao lançar a expressão "a cortina de ferro", ele escreveu:

Para além do Vístula, existe uma cortina por trás da qual é muito difícil enxergar, com clareza, o que se passa no interior do império russo.

Comentando e parafraseando Thiers, Saint-Beuve, em seus *Cahiers* de 1847, escreveu:

Existem apenas dois povos. A Rússia é, ainda, bárbara, porém é grande... A velha Europa terá que contar com essa juventude. O outro jovem é a América... Aqui está o futuro do mundo, entre esses dois grandes mundos. Qualquer dia, eles se chocarão, e veremos, então, lutas das quais o passado não nos pode dar qualquer idéia, pelo menos no que diz respeito à massa e ao choque físico.

Carlo Cattaneo, Tocqueville, Burkchardt, Adams e muitos outros viam também a rivalidade russo-americana inscrita na lógica da evolução do mundo, e a noção dos "dois Grandes" parece, assim, muito anterior a 1945.

O conflito não eclodiu, talvez devido à aceitação da "doutrina Monroe" pela Rússia e, sem dúvida, também devido ao fato de que o principal rival da Rússia era a Grã-Bretanha, em quem Lenin veria a expressão mais perfeita do imperialismo. Contudo, a política americana no Pacífico tinha que se opor à da Rússia, enquanto McKinley proclamava que os E.U.A. não renunciariam nem às Filipinas, nem aos "mercados ilimitados" da China, quando John Hay, que sustentava o princípio de "portas abertas" com relação à China, Witte respondia atribuindo à Rússia, nessas regiões, "uma missão de proteção e de educação". Um "terceiro" estado interveio, o Japão, e Theodore Roosevelt se felicitou pelo ataque japonês contra Port--Arthur. . .

Após 1918, os americanos se fecharam no isolacionismo, enquanto a U.R.S.S., afrontada por lutas internas e assaltada por ameaças do exterior, fechava-se, também, em si mesma. Lenin não admitia a "coexistência pacífica". Contudo, suas declarações de janeiro de 1918, como

> a revolução socialista deve eclodir na Europa, ela é iminente, inevitável,

ou, ainda,

> todas as nossas esperanças na vitória final do socialismo repousam nessa certeza, nesse prognóstico científico.

foram logo abrandadas pois, acrescentou ele,

> seria errôneo acreditar que a tática do governo soviético repousa sobre a idéia de que a revolução européia desencadear-se-á ou não nos próximos seis meses, ou em qualquer outro prazo tão limitado.

O triunfo da revolução soviética estava associado à propagação da revolução na Europa, e, como um marxista rigoroso, ele não podia encontrar outra solução, dado o atraso econômico da Rússia. Entretanto, desde o início, o governo russo admite uma certa margem em seu programa, que lhe permite estabelecer relações provisórias com outros países. Esses compromissos foram expressos em sua forma clássica no discurso de Tchitcherin por ocasião da primeira sessão da conferência de Gênova, em abril de 1922:

> Apesar de manter em sua totalidade o ponto de vista de seus princípios comunistas, os membros da delegação russa reconhecem que as circunstâncias atuais permitem a existência paralela da velha e da nova ordem social, e que a colaboração econômica entre os Estados de regimes opostos é indispensável, se desejarmos reconstruir a economia do mundo.

A adoção da idéia segundo a qual "o socialismo num só país" era possível, por Stalin, não implicava um abandono do apoio aos movimentos revolucionários no mundo. Porém confirmava a possibilidade de um período transitório de relações normais com o Ocidente. Durante algum tempo, esse aspecto da política soviética foi negligenciado: o primeiro plano qüinqüenal provocou um recrudescimento das tendências "esquerdistas" e uma luta contra a oposição dita "reacionária". Porém, desde que a evolução política da Alemanha estimulou o governo soviético a buscar o apoio das potências ocidentais, essa teoria foi retomada e, desta vez, livre das conotações apenas de ordem econômica que lhe tinha emprestado Tchitcherin. No primeiro discurso que pronunciou após a entrada da União Soviética na Sociedade das Nações, Litvinov declarou:

> Quanto ao princípio de coexistência pacífica entre dois países dotados de regimes políticos e sociais diferentes a um dado momento da evolução política, nós já o sustentamos por diversas vezes no curso de conferências internacionais.

Foi esse mesmo princípio que, em seguida, permitiu a Stalin encontrar uma justificativa para o pacto germano-soviético de agosto de 1939. Durante a guerra, a União Soviética abandonou quase que completamente — pelo menos em sua propaganda — a distinção, apesar de fundamental, entre os dois tipos de regimes, adotando a fórmula de

> cooperação entre todas as potências desejosas de estabelecer a paz.

Desde 1946, Stalin retornou à "coexistência pacífica". Todavia, nos anos vinte, um outro princípio tinha sido afirmado: propagar os princípios comunistas não constituía, por parte da U.R.S.S., um atentado à coexistência pacífica, mas se havia oposição esta era por parte dos países não comunistas.

Na Europa, os espíritos davam menos atenção às proclamações em favor da coexistência pacífica entre regimes diferentes que à lembrança de Brest-Litovsk e de Rapallo, ou que aos apelos revolucionários de Lenin. A revolução de 1917 aparecia como um foco de contágio que era necessário isolar por meio de um "cordão sanitário", deixando, nas palavras de Wilson, os bolcheviques cozer em seu próprio caldo até que as circunstâncias tenham tornado os russos mais sábios.

Muito rapidamente, percebeu-se que se os ocidentais não tinham sido bem sucedidos em derrubar o regime comunista, este, por sua vez, não conseguira exportar a revolução. Do oceano Glacial Ártico ao mar Negro, a União Soviética estava cercada por um "cordão" de Estados hostis, instalados e mantidos pelas grandes potências. Ela devia se satisfazer com fronteiras que estavam aquém daquelas de Pedro, o Grande, e de seus sucessores; ela não possuía nenhuma saída para um mar "quente", continuava sem acesso direto ao Mediterrâneo, ao passo que nem Petrogrado e Moscou, nem as culturas de cereais e os minerais da Ucrânia estavam protegidos pela menor declividade na topografia. De imediato, ninguém se permitiria pensar que ela procuraria romper este cerco, porém a dinâmica revolucionária do comunismo se somava à tradicional busca de saídas para os mares "quentes", suscitando inquietações. Além disso, o anticomunismo tinha se tornado um ponto capital da política doméstica dos Estados europeus.

Os Estados Unidos não tinham as mesmas razões que a Europa para temer o contágio revolucionário. Eles não tinham sido arruinados pela guerra e seu dinamismo permanecia intacto. A extrema esquerda não tinha qualquer papel político. Sem dúvida, as ondas de reivindicação social e os atentados provocavam, às vezes, reações de uma violência que chegava às raias da histeria, porém nenhum perigo real colocava em perigo a sociedade americana. Isso não impediu que Washington reconhecesse o governo bolchevique. O Secretário de Estado, Colby, explicou:

Não podemos reconhecer um governo que está determinado e consagrado a conspirar contra nossas instituições, nem manter relações oficiais com ele, nem receber amistosamente seus representantes.

A partir de 1924, entretanto, a maior parte das potências reconheceram *de jure* a U.R.S.S. Mas foi apenas em 1933, com a chegada de Roosevelt ao poder, que Washington resolveu fazer o mesmo, ao cabo de difíceis negociações. Roosevelt formulara tantas críticas ao regime tzarista que concedia um voto de confiança ao comunismo, no qual via um meio capaz de permitir ao povo russo superar as conseqüências da situação na qual tinha sido mantido até então. Anteriormente, Wilson tinha ficado impressionado pela Revolução de Outubro, pois pensava que ela correspondia aos desejos do povo russo... Wilson fora obrigado a se manter numa atitude muito prudente, uma vez que os problemas do Extremo Oriente complicavam a tarefa de seu Departamento de Estado. Roosevelt deu seu voto de confiança a Stalin.

A ascensão do nacional-socialismo iria reaproximar a União Soviética e as democracias ocidentais, após o fracasso da tentativa de Stalin de se entender com Hitler. Moscou empreendeu um esforço militar considerável e, após o assassinato de Kirov em 1º de dezembro de 1934, desencadeou uma onda de terror tal que até hoje podemos nos perguntar se ela teria sido necessária para eliminar o risco de uma contra-revolução, terror que, podemos assegurar, fez surgir no Ocidente sentimentos que, dez anos mais tarde, iriam se tornar um dos principais dados psicológicos do problema político das relações Leste-Oeste. Pouco importavam os resultados do plano qüinqüenal, importava apenas os processos de Moscou, que — isto não é mais que uma hipótese, porém ela não é inverossímil — provocaram nos ocidentais uma tal repulsa que todos os projetos de aliança contra o III Reich permaneceram como letra morta. Que desejava, realmente, Stalin? Esperava ele desempenhar o papel de um árbitro enquanto a Europa soçobrava em uma nova guerra? Não tinha o embaixador Potemkin declarado:

A Rússia dos Sovietes nasceu da Primeira Guerra Mundial. Da Segunda, nascerá a Europa dos Sovietes?

A União Soviética era, assim, vítima menos de sua política externa do que dos temores suscitados, ao mesmo tempo, pela Internacional e pelos partidos comunistas. A Guerra Civil Espanhola tinha acentuado esse sentimento que, em certos casos, se resumia a uma repulsa quase-física, ao passo que o acordo de Munique permaneceria inexplicável se não se levasse em conta o caráter equívoco de certas atitudes do Kremlin, equívoco esse agravado pelo anti-sovietismo que, em muitos círculos ocidentais era tão acentuado quanto o anti-hitlerismo. A *Frendemblatt* de Hamburgo se ufanava pelo porvir:

A Alemanha teve êxito em eliminar a Rússia soviética do

concerto das grandes potências. Esse é o aspecto histórico de Munique,

e, depondo perante o tribunal de Nuremberg, o marechal Keitel proclamou:

O objetivo de Munique era o de eliminar a Rússia da Europa,

e ele acrescentava:

De ganhar tempo, de concluir os preparativos armamentistas.

Assim, a guerra de 1939 resultou, talvez, em larga medida, dos obstáculos psicológicos que se ergueram entre a União Soviética e as democracias ocidentais, face a uma *entente* que era desejada por ambas as partes, porém temida ao mesmo tempo, sem que nenhum dos parceiros tivesse confiança nos outros. No acordo de Munique, a União Soviética viu a prova de que as democracias ocidentais desejavam mantê-la isolada das negociações, o que não podia senão acentuar, e talvez legitimar, suas desconfianças e agravar seus complexos que, originados de seu isolamento diplomático dos anos 20-30, da imposição do "cordão sanitário", da atitude da Sociedade das Nações e do temperamento de Stalin, tinham nela enraizado a idéia de que estava continuamente ameaçada, tanto como Estado, quanto como foco ideológico, ao mesmo tempo que a teologia marxista-leninista a compelia a considerar todo Estado "capitalista" como um inimigo em potencial. Os ocidentais, por sua vez, estavam assustados pelas pretensões universalistas do comunismo e pela propaganda a que se entregavam os partidos comunistas. Ao mesmo tempo, ansiosos por não lutar em duas frentes, um grande número de chefes alemães era partidário de uma *entente* com a Rússia, deixando em segundo plano o anticomunismo que, apesar disso, tinha sido um dos argumentos iniciais do nacional-socialismo. O pacto germano-soviético de 23 de agosto de 1939 resultou da conjunção dessas complexidades, dessas obsessões e desses interesses. Os ocidentais não iriam esquecer, jamais, esse acordo que, mais do que seria possível supor na ocasião, garantiu a "grande aliança" contra o III Reich e desempenhou, sem dúvida, um papel na desagregação dessa "grande aliança" e, em conseqüência, na gênese da guerra fria.

PRIMEIRA PARTE: OS FATOS

CAPÍTULO I
O Desmoronamento da "Grande Aliança"

É normal que nem a derrota do inimigo principal nem a vitória de uma coalizão eliminam todos os problemas provocados por um cataclismo universal. Após 1918, as grandes potências não conseguiram evitar as guerras locais no Leste da Europa e nos Bálcãs. As fronteiras entre a Polônia e a Rússia, entre a Grécia e a Turquia, não foram fixadas em Versalhes: elas sancionaram o êxito de operações militares. Como uma perturbação atmosférica, uma grande guerra deixa, à sua passagem, as marcas da tempestade. Em 1945, graças à presença dos exércitos americano e russo, a Europa não conheceu esses conflitos secundários. Porém a inquietação não deixou de dominar os espíritos: o reencontro, no Elba, dos exércitos americanos e russos simbolizava a solução de um problema, ao mesmo tempo que prenunciava outros.

Mas apenas o modo como os acontecimentos se desenrolaram pôde justificar a surpresa. É que, com efeito, o postulado da unidade de ação das grandes potências, sobre o qual repousava o sistema de segurança coletivo das Nações Unidas, constituía uma base precária: pressupunha que a coalizão se manteria depois que os motivos de sua formação tivessem desaparecido. Ora, se uma oposição comum é um dos fatores mais freqüentes de agregação e de coesão sociais, ele é um daqueles cujos efeitos são particularmente pouco estáveis. Ela pode reunir e tornar solidários indivíduos quando se constitui no único fator de aproximação e onde ela neutralize momentaneamente os motivos de dissensão, porém estes recuperam sua força tão logo a referida oposição tenha terminado. Esta constatação de caráter geral se verifica especialmente nas guerras de coalizão. Os Estados que estejam combatendo um inimigo comum numa luta da qual dependa sua existência, nela concentram suas energias e seus esforços. Eles têm um objetivo comum: vencer, e qualquer outra preocupação é secundária, ou deliberadamente abandonada. Porém, uma vez destruído o inimigo, o fator de coesão que ele representava desaparece, liberando as forças de dissociação. Estas reaparecem com uma força redobrada, pois a própria vitória cria problemas que se tornam causas de desacordo. Na medida em que trate de recolher os frutos dessa vitória, os Estados que a guerra tornou solidários tornam-se rivais, até mesmo adversários. É o que podemos definir como a lei geral de dissociação das alianças: uma aliança se desfaz, desde que ela não tenha mais um objetivo concreto, uma vez que ela não pode se sustentar apenas de suas lembranças. A história proporciona inúmeras ilustrações dessa lei geral. Os homens de Estado que dirigiam a luta contra as potências do Eixo não ignoravam esse fato, como o demonstra esta declaração de Roosevelt em sua *Mensagem Sobre o Estado da União*, de 6 de janeiro de 1945:

> Quanto mais nos aproximamos da derrota de nossos inimigos, mais nos tornamos inevitavelmente conscientes das divergências que existem entre os vencedores.

No momento em que a conferência de Yalta terminava, Stalin dizia, no mesmo sentido:

> Não é difícil permanecer unidos em tempo de guerra, pois existe um objetivo solidário, destruir o inimigo, e que é claro para todos. A tarefa difícil virá após a guerra, quando interesses diferentes dividirão os aliados.

a) A irrupção da crise

A crise tinha permanecido latente durante toda a duração da guerra. Refletindo sobre as dificuldades que, especialmente a propósito da Polônia, se acumulavam antes da abertura da conferência de San Francisco (que iria fundar as Nações Unidas, e da qual Molotov não participou), Churchill telegrafava a Roosevelt, em 27 de março de 1945:

> Não será evidente que nós vamos construir com areia todo o edifício da paz do mundo?

Em 13 de abril, o Departamento de Estado enviou a Truman, que acabava de suceder a Roosevelt, um memorial que terminava com estas palavras:

> Nos países liberados e sob o controle soviético, o governo soviético procede, em larga medida, sobre uma base unilateral e não admite que os eventos posteriores justifiquem a aplicação do acordo da Criméia.

Alguns dias mais tarde, Harriman, embaixador dos Estados Unidos em Moscou, não hesitou em declarar a Truman:

> Nós estamos em presença de uma invasão de bárbaros, na Europa.

Ele assinalava que o controle soviético não significava apenas uma influência preponderante nas relações exteriores dos países em questão, porém a aplicação do sistema soviético, especialmente com a onipotência da polícia secreta e a supressão das liberdades. Já em 8 de maio de 1945, Churchill assinalava:

> O mundo está envolvido numa total confusão. O perigo comum, o principal laço que unia os membros da grande aliança se desvaneceu para sempre. A ameaça soviética, no meu entender, já tomou o lugar do inimigo nazista... "I could only feel the manifestation of Soviet and Russian imperialism rolling forward over helpless lands",

acrescentou ele, e em 12 de maio, em um telegrama enviado a Truman, ele empregou, pela primeira vez, a expressão "a cortina de ferro". A guerra fria se iniciava enquanto os combates prosseguiam.

Foi em 1947, durante um debate sobre a ajuda a ser concedida à Grécia e à Turquia, no quadro da "doutrina Truman", que Bernard Baruch empregou, pela primeira vez, a expressão "a guerra fria". Algumas semanas mais tarde, Walter Lippman utilizou-a novamente por sua própria conta. Ela tinha sido utilizada após o inverno de 1939, para traduzir, senão um estado de relações diplomáticas, pelo menos um estado de espírito. Posteriormente, ela se tornou mais específica, a ponto de caracterizar um certo estilo de relações internacionais ou, mais precisamente, um antagonismo entre potências incapazes de alcançar uma paz verdadeira, mas ansiosas por não se precipitar em um conflito do tipo clássico.

Se a disposição para a *entente* manifestada pelos ocidentais tivesse sido capaz de afetar Stalin, a política adotada por Roosevelt, e adotada por Churchill contra a sua vontade — política mantida por Truman até 1946 —, teria conseguido: liberações a título de *lease land* incondicionais, traçados das zonas de influência na Europa favoráveis aos interesses soviéticos, evacuação das regiões ocupadas pelas forças ocidentais para além da linha de demarcação fixada inicialmente, imobilização das tropas americanas na Alemanha e na Tchecoslováquia; essas concessões eram consideráveis. Aqueles que atribuem a Roosevelt a capacidade quase miraculosa de se entender com Stalin falseiam os fatos ou se comprazem na mitologia. Roosevelt não era nem ingênuo, nem incompetente, mas ignorava quase toda a dialética marxista e não tinha nenhuma idéia de sua dinâmica revolucionária: raciocinava em termos "clássicos" frente a um homem que tinha repudiado essa atitude intelectual. As palavras não tinham mais a mesma significação para um e para o outro. Além disso, supondo que tenha tido consciência desse hiato (o que não está comprovado), Roosevelt desejava conservar por todos os meios a União Soviética na coalizão, até a vitória sobre o III Reich, quite, uma vez alcançado o objetivo, a mudar de atitude. Essa reviravolta diplomática foi conduzida por Truman: talvez Roosevelt a tivesse realizada, ele mesmo.

b) Duas concepções da ordem internacional

De fato, duas concepções da ordem internacional se contrapunham: a concepção "universalista", segundo a qual todas as nações compartilham um interesse comum em todos os negócios do mundo, e a de "esferas de influência", segundo a qual a cada grande potência será garantida, por todas as outras, um reconhecimento de predominância em sua zona de interesses particulares. De acordo com a primeira, a segurança nacional devia ser garantida por uma organização internacional, de acordo com a segunda, essa segurança só poderia se manter em função de um equilíbrio de poderes.

Por tradição, o pensamento americano se voltava para o universalismo. Roosevelt tinha participado do gabinete de Wilson e, ao retornar de Yalta, declarava que esta conferência

significaria o fim do sistema de ação unilateral, de alianças exclusivas, de esferas de influência, de equilíbrio de poderes e de todos os outros recursos experimentados através dos séculos e que foram sempre marcados pelo francasso.

A seu lado estava outro wilsoniano, o Secretário de Estado Cordell Hull. Ele podia se apoiar em Sumner Wells, Adolph Berle, Averell Harriman, Charles Bohlen — porém nenhum destes era capaz de explicar como este universalismo podia ser conciliado com certas expedições coloniais realizadas em contradição com a doutrina que eles desejavam encarnar. Dois membros do governo não a aprovavam: o Secretário da Defesa, Henry S. Stimson, referia-se a "nossas órbitas respectivas", o Secretário do Comércio, Henry Wallace, representando Monroe, afirmava que os Estados Unidos não deviam "se imiscuir nos negócios políticos da Europa Oriental", e que a Rússia não devia

se imiscuir nas questões políticas da América Latina, da Europa Ocidental e dos Estados Unidos.

Eles tinham o apoio de George Kennan que advogava um

reconhecimento rápido e inequívoco da divisão da Europa em esferas de influência e uma política baseada na existência dessa divisão.

Porém as vozes de Stimson, de Wallace e de Kennan não representavam mais que uma minoria... Além disso, o universalismo já tinha sido consagrado em diversas oportunidades, como na Carta do Atlântico em 1941, na Declaração das Nações Unidas em 1942, na Declaração de Moscou em 1943, e ele presidiu o nascimento da Nações Unidas.

O Kremlin se apegava às esferas de influência. Preocupados com a proteção de suas fronteiras — especialmente de sua fronteira ocidental, desprovida de meios naturais de defesa —, os russos desejavam ampliar sua área de influência na direção do Oeste. Preocupações especificamente de ordem política, aliadas à dinâmica revolucionária de sua ideologia, encontravam seu álibi nas preocupações geo-estratégicas. Em maio de 1945, Kennan escrevia:

> A preocupação obstinada de expansão da Rússia é, antes de tudo, sustentada pelo sentimento secular de insegurança de um povo sedentário, localizado em uma planície exposta à vizinhança de povos nômades bárbaros.

Em tempos idos, essa preocupação tinha feito com que os tzares buscassem saídas para o mar e procurassem se utilizar de Estados-tampões. Em 1939, o pacto germano--soviético e suas cláusulas secretas tinham permitido à Rússia começar a satisfazer, nos Estados bálticos, na Finlândia e na Polônia, uma parte daquilo que ela considerava como indispensável à sua segurança. Sem dúvida, o governo soviético tinha aderido à Carta do Atlântico, porém, em 1941, Stalin tinha oferecido aos britânicos um verdadeiro mercado em matéria de esferas de influência e, em julho de 1943, ele se levantou contra o universalismo em cujo espírito os Estados Unidos e a Grã-Bretanha tinham considerado o controle da Itália, universalismo que, aos olhos de alguns, mal dissimulava os motivos políticos do apoio firmado em Badoglio. É verdade que a Conferência de Teerã de dezembro de 1943 marcou o ponto culminante da colaboração das três potências, porém quando Churchill indagou sobre os interesses territoriais russos, Stalin respondeu:

> É inútil, no momento, falar das aspirações soviéticas. Quando chegar a ocasião, nós abordaremos este assunto.

Muito rapidamente surgiu o desejo dos soviéticos de agir unilateralmente na Europa Oriental, a tal ponto que no início de fevereiro de 1944 Cordell Hull telegrafava a Harriman, em Moscou:

> A situação se aproxima, rapidamente, do ponto em que o governo soviético deverá escolher entre o desenvolvimento dos fundamentos da cooperação internacional... e a utilização de métodos unilaterais e arbitrários.

A situação iria se agravar em virtude da questão polonesa, "questão de honra" para Churchill, "questão de vida ou morte" para Stalin. Este último ressaltava:

> Ao longo de toda a sua história, a Polônia foi o corredor de que se utilizaram todos os agressores da Rússia

e o fechamento desse corredor lhe parecia ser absolutamente necessário. Porém as forças da resistência eram dirigidas por anticomunistas, os quais esperavam retardar a ocupação soviética de Varsóvia, o que, aos olhos dos russos significava a preparação de uma Polônia anti-soviética... O clima se deteriorava a cada semana que passava, e Harriman assim ilustrava a gravidade dos equívocos:

> As palavras têm para os soviéticos um sentido diferente do que têm para nós. Quando falam de governos amigos nos países limítrofes, têm em mente relações totalmente diferentes daquelas que poderíamos conceber.

Diversas razões podem explicar a oposição americana à tese das esferas de influência. Os Estados Unidos a consideravam como portadora dos germes de uma nova guerra, pois ela oferecia a cada potência a tentação permanente de alterar o equilíbrio a seu favor, e alçava essa tentação à escala internacional. Além disso, estava em oposição aos princípios da O.N.U. Enfim, sua adoção poderia ter criado, segundo as palavras de Cordell Hull, "um abrigo para os isolacionistas", o que teria gerado sérios problemas domésticos.

Em conseqüência, os interesses americanos iriam se afirmar no destino de todas as nações, inclusive as da Europa Oriental. Esse foi o sentido da mensagem de Roosevelt, em outubro de 1944:

> Não existe, nesta guerra mundial, nenhum problema militar ou político em relação aos quais os Estados Unidos se mantenham alheios,

e após a morte de Roosevelt, Hopkins reafirmou esse ponto de vista a Stalin:

> A política do presidente Roosevelt, aprovada pelo povo americano, tem por base fundamental o princípio de que os interesses dos Estados Unidos são mundiais, e não se limitam à América do Norte, à América do Sul e ao oceano Pacífico.

Era, realmente, o fim do isolacionismo que fazia sua aparição, agora que com a designação de Oumanski como embaixador no México, os russos começavam a estender suas operações clandestinas ao hemisfério ocidental.

c) A pressão da ideologia

Qualquer tentativa de explicação da gênese da guerra fria permanece no plano formal se não se reconhecer o importante papel desempenhado pela pressão ideológica. De fato, o marxismo-leninismo constituía-se, para os dirigentes soviéticos, no suporte de uma visão do mundo segundo a qual todas as sociedades estavam inexoravelmente destinadas a percorrer caminhos bem precisos, passando por etapas bem definidas, até alcançar o nirvana da sociedade sem classes. Por outro lado, dada a resistência dos "capitalistas" a essa evolução, a existência de qualquer Estado não comunista era, por definição, uma ameaça à União Soviética — fiel às palavras de Lenin:

> Enquanto o capitalismo e o socialismo existirem, nós não poderemos viver em paz... Ao final, um ou o outro triunfará, e um hino fúnebre será entoado para saudar a morte, seja da República Soviética, seja do capitalismo mundial.

Seja lá o que Roosevelt ou Truman pudessem ou não fazer, Stalin, fatalmente, iria considerar os Estados Unidos como inimigo, não devido a esta ou àquela ação, porém em virtude do fato de que eles eram "a" potência "capitalista" mais forte do mundo, donde, segundo o silogismo leninista, implacavelmente hostil e impelido pela lógica de seu sistema a combater, cercar e destruir a União Soviética. Nada, no comportamento dos Estados Unidos, podia eliminar essa desconfiança imposta e santificada pelo dogma marxista-leninista, a não ser a conversão dos Estados Unidos ao comunismo mais ortodoxo. Enquanto os Estados Unidos permanecessem um "Estado capitalista", nenhuma política americana, dada a teologia de Moscou, poderia criar um clima de confiança. Qualquer ação americana ficava, assim, prejudicada, *a priori*.

É verdade que uma crise de ideologia tinha se manifestado durante a guerra, quando Stalin, para reforçar a unidade da nação, tinha sido obrigado a apelar mais ao nacionalismo que ao marxismo. ("Nós não temos dúvidas quanto às razões pelas quais eles lutam", dizia ele a Harriman, "combatem pela Santa Mãe Rússia.") Porém essa transferência se operou dentro de limites bastante estreitos, e logo após tê-la enunciado, Stalin, renunciando ao pragmatismo ao qual ele tinha sido compelido a recorrer, recolocou o dogma. Ora, Roosevelt não possuía um conhecimento mais que superficial do marxismo-leninismo, não tinha consciência de sua lógica interna e de seu dinamismo — donde certas atitudes suas, consideradas posteriormente como erros de avaliação.

Se alguns americanos acreditavam profundamente na possibilidade de estabelecer, a longo prazo, um *modus vivendi* com a Rússia, nenhum russo, até onde se pode afirmar, acreditava em um *modus vivendi* com os Estados Unidos, a não ser de curta duração. Harriman e Kennan foram os primeiros a pôr Washington em guarda contra as dificuldades que poderiam prejudicar os acordos, a curto prazo, com a União Soviética, porém julgavam que essas dificuldades poderiam ser superadas, que novas perspectivas poderiam surgir. Do lado russo, não existe nenhuma prova correspondente de uma séria aspiração quanto à busca de um *modus vivendi*. Stalin se limitava a se perguntar se os interesses ideológicos e nacionais da U.R.S.S., a longo prazo, seriam melhor servidos por uma trégua de curta duração com o Ocidente, ou por uma retomada da política de intimidação. Ele escolheu a segunda alternativa, conforme deu a entender a Harriman, em Sotchi, em outubro de 1945. Ele estava tanto mais inclinado à segunda opção, na medida em que a Europa Ocidental se prostrava diante dele, politicamente desmoralizada, militarmente sem defesa, economicamente impotente, e apesar das dúvidas de Eugenio Varga sobre a iminência do colapso da economia americana, a teologia marxista assegurava que os Estados Unidos caminhavam rumo a uma grave crise e que seriam obrigados a se ocupar apenas de seus próprios problemas. Se a situação da Europa Oriental fazia parecer essencial, aos olhos de Stalin, uma ação unilateral no interesse da segurança russa, a situação da Europa Ocidental e dos Estados Unidos constituíam tentações ao expansionismo comunista. O esforço dos Estados Unidos no sentido do estabelecimento de uma colaboração tão estreita quanto possível (mas o que era este "possível") com a União Soviética iria se manter até a Conferência de Moscou de março de 1947. A União Soviética foi convidada a participar da implantação do Plano Marshall. O ponto de não retorno ao *status quo ante* foi alcançado em 2 de julho de 1947, quando Molotov recebeu o veto do Kremlin, denunciou o projeto em seu conjunto e abandonou a Conferência de Paris.

Desde o verão de 1945, era evidente que o fim da guerra não implicava a paz. A noção tradicional de paz supunha uma dupla limitação de ordem diplomática: limitação da dimensão das confrontações no conflito entre os Estados, limitação dos meios empregados pelos diplomatas. Tudo se achava recolocado em questão, regimes econômicos, sistemas políticos, convicções espirituais. A oposição entre as partes tornou-se uma guerra total. O grande problema era saber se essa guerra fria seria o substituto ou o prelúdio de uma nova guerra mundial. Antes da chegada dos tempos de, segundo Hitler, "estratégia ampliada", a rigidez das fronteiras simbolizava a paz. A partir do verão de 1945 — e as últimas ilusões se desvaneceram no verão de 1947 — as verdadeiras fronteiras foram aquelas que, no seio dos próprios povos, separavam os partidários das duas éticas.

d) Por que a bomba atômica?

Desde o verão de 1945, a situação psicopolítica tinha se agravado a tal ponto que uma cooperação U.S.A.--U.R.S.S. parecia, senão, ainda, impossível, pelo menos difícil, até mesmo improvável. O acontecimento que provocou esse agravamento foi a utilização da arma atômica pelos Estados Unidos.

Sem dúvida, o Japão tinha perdido. Sua frota comercial perdeu, em 1944 3,8 milhões de tonelagem bruta, das quais 800.000 correspondiam a seus petroleiros, e ela se viu reduzida a uma capacidade de 1,5 milhões de toneladas. A redução na produção alcançava 75% nas instalações que tinham sido bombardeadas, e até 45% naquelas que, não tendo sido atingidas, não recebiam seus suprimentos com regularidade. Em 1º de novembro de 1944, Tóquio tinha sofrido seu primeiro ataque aéreo realizado pelas "fortalezas voadoras" baseadas em Saipan. O aterrorizante bombardeio de 9 de março de 1945 não tinha sido mais que um prelúdio: uma seqüência sem fim de "B-29" lançava bombas explosivas e incendiárias sobre as cidades japonesas, e mais da metade das cinco maiores, dentre elas, Tóquio, Osaka, Nagoia, Kobe, Yokohama, tinham sido literalmente queimadas até o solo. Os *kamikaze* sucumbiam. Essa guerra aérea era conduzida a partir das ilhas Marianas, a 1.200 milhas de Tóquio, por bombardeiros sem escolta. A perda de Iwo

Jima e de Okinawa anunciava seu recrudescimento, enquanto a derrota da Alemanha liberava forças colossais que iriam poder se concentrar sobre o arquipélago nipônico. O Japão era objeto de um verdadeiro estrangulamento.

Foi decidida a invasão do Japão. O plano "Olympic" previa a invasão de Kiushu a 1º de dezembro de 1945, o plano "Coronet" marcava para 1º de março de 1946 a invasão de Honshu. A "dimensão normanda" tinha sido ultrapassada: 5 milhões de homens participariam das operações. Não era possível ter qualquer dúvida sobre o desfecho dos combates, porém o aspecto de seu "custo humano" permanecia em questão. O exército metropolitano japonês contava com 2 milhões de homens, sabia-se que a população civil tomaria parte na batalha, como em Saipan, e tinha-se presente as terríveis lembranças de Iwo Jima e de Okinawa. O General Marshalll estimava que as perdas alcançariam, pelo menos, 500.000 mortos. Os Estados Unidos nunca tinham conhecido semelhante hecatombe e custava-lhes conceber tal possibilidade. Durante a Primeira Guerra Mundial, tinham perdido 53.000 homens, a vitória sobre o III Reich tinha custado 200.000 mortos. Deveriam considerar a perda de um número três vezes maior de mortos para alcançar uma vitória virtualmente garantida.

A essas considerações humanas somavam-se considerações políticas. Havia chegado a hora de a União Soviética fazer valer o compromisso assumido em Yalta, declarando guerra ao Japão. O Ministro japonês de Relações Exteriores, M. Togo, buscava o caminho para a paz e esforçava-se por encontrá-lo por meio da mediação de um país que, sendo aliado dos Estados Unidos, não era, entretanto, inimigo do Japão... a U.R.S.S. Os encontros tiveram lugar em Hakone, com o embaixador Malik, porém este, fiel às táticas dilatórias utilizadas por seus colegas em 1939, face aos equívocos em meio aos quaís se desenrolavam as conversações russo-franco-inglesas, fez com que as conversações se arrastassem, "esquecendo-se" de que em Yalta, Stalin tinha prometido intervir "nos dois ou três meses" seguintes ao fim das hostilidades com a Alemanha.

Em 26 de julho, foi dado um ultimato ao Japão: ou a capitulação ou a exterminação. Dez dias antes, tinha sido detonada a primeira bomba atômica, nas serras do Novo México. É, todavia, difícil estabelecer uma relação de causa e efeito entre a explosão de 16 de julho e o ultimato do dia 26 e, além disso, este havia sido solicitado por Stimson desde 7 de julho, ao passo que a explosão de 16 de julho tinha sido realizada em condições técnicas tais que qualquer utilização operacional da bomba parecia, no mínimo, aleatória. De qualquer modo, o fato é que em 28 de julho o almirante Suzuki rejeitou o ultimato americano, talvez porque, não tendo escutado um especialista como Grow (que tinha sido embaixador em Tóquio e que era então Subsecretário de Estado), os americanos exigiam a abdicação do Imperador — abdicação que era reclamada pelos russos. Assim que foi conhecida essa rejeição do ultimato de 26 de julho, os Estados Unidos tomaram as medidas para acelerar os preparativos das operações de invasão. Assim, empreenderam a construção de 22 pistas, nas ilhas Ruykyu, sobre as quais seriam baseados os 21 grupos aéreos que objetivavam a destruição do Japão, e, ainda, reequiparam a parte de suas tropas que voltavam da Europa. Tinham decidido utilizar a bomba atômica, se bem que, entre os promotores dessa iniciativa, diversos intelectuais, que tinham fugido do III Reich para escapar às perseguições raciais, e que teriam aplaudido a utilização dessa bomba contra uma cidade alemã, não experimentavam um ódio comparável com relação ao império nipônico.

O presidente Truman tinha se dado conta deste estado de espírito e, com o objetivo de estudar as conseqüências previsíveis do recurso à arma atômica, constituiu uma Comissão Consultiva na qual se destacavam três intelectuais, Karl Kompton, Vanevar Bush e J. B. Connant, os quais, por sua vez, fizeram um apelo a diversos de seus colegas, como Arthur Compton, Enrico Fermi, E. C. Lawrence, Oppenheimer, etc. Em 1º de junho, essa Comissão enviou ao presidente Truman um relatório segundo o qual: — a bomba atômica devia ser utilizada contra o Japão; — isso devia ser realizado sem prévio aviso; — ela devia exercer em sua totalidade seu poder de destruição. A decisão se fixou sobre Hiroxima.

O que sabia Stalin? Que informações lhe tinha transmitido Klaus Fuchs, o espião que se tornou famoso? Dois pontos são certos: o espião não tinha tomado consciência da amplitude e do estado de desenvolvimento do projeto "Manhattan", e supondo-se (o que não está provado) que Stalin tinha sido informado, ele não deu uma importância decisiva à "bomba". Por ocasião da Conferência de Potsdam, Truman lhe confiou que os Estados Unidos possuíam uma "nova arma" dotada de uma extraordinária capacidade de destruição. Segundo o próprio Truman, Stalin

> não manifestou nenhum interesse particular e se limitou a dizer que esperava que nós a utilizássemos contra o Japão.

Assim, ainda hoje, a dúvida permanece: ou Stalin ignorava quase tudo ou não compreendia a verdadeira natureza da arma.

Porém — e é aí que intervém o problema político — a União Soviética não desejava um fim rápido para a guerra no Extremo Oriente. Esperava que a guerra se prolongasse pelo menos até o fim do inverno de 1947, e que poderia desempenhar um papel importante mesmo que se associasse apenas simbolicamente à ocupação do Japão. A utilização da bomba atômica fez ruir essa esperança. Foi essa bomba lançada unicamente para evitar os riscos enormes de um desembarque que, sabia-se, acarretaria perdas humanas consideráveis, ou para cortar pela raiz as manobras soviéticas? Não podemos deixar de considerar a opinião emitida por Winston Churchill, na ocasião. Tão logo foi informado da explosão experimental realizada em 16 de julho, declarou a Truman que a bomba iria permitir isolar a União Soviética da vitória do Extremo Oriente, para a qual ela não tinha, até então, contribuído de forma alguma.

Em 9 de agosto de 1945, evocando a bomba, o presidente Truman declarava:

> Nós a utilizamos para abreviar a agonia da guerra, para salvar a vida de milhares e milhares de jovens americanos.

Em 3 de outubro, em uma mensagem ao Congresso, insistia na mesma idéia:

> Quase dois meses se passaram desde a utilização da primeira bomba sobre o Japão. Essa bomba não ganhou a guerra, porém, sem dúvida, abreviou-a. Sabemos que salvou a vida de um número incontável de milhares de soldados americanos e aliados. . .

Mas a próxima ação importante dos Estados Unidos não iria ocorrer antes de 1º de novembro, e o Japão se esforçava para alcançar a paz por meio de uma mediação soviética. Conforme declarou o próprio Stimson, os Estados Unidos, naquela ocasião, não dispunham de mais que duas bombas. Assim, pode-se perguntar por que eles as utilizaram tão rapidamente. Voltamos, então, à Conferência de Yalta.

Segundo Elliot Roosevelt,

antes que a conferência terminasse, Stalin, mais uma vez, garantiu o que tinha proposto pela primeira vez em Teerã, em 1943: que seis meses após o dia da vitória na Europa, os soviéticos declarariam a guerra ao Japão; após um momento de reflexão, corrigiu essa estimativa de seis meses para três meses.

As datas adquirem, assim, uma importância especial. A guerra na Europa teminou em 8 de maio, donde a ofensiva soviética deveria ter sido desencadeada em 8 de agosto. A primeira bomba atômica foi lançada no dia 6. No dia 14, os japoneses aceitaram as condições de Potsdam... A União Soviética declarou a guerra ao Japão em 8 de agosto, desencadeou sua ofensiva militar no dia 9. No dia 24, o comando soviético anunciou que a Manchúria e a Sacalina do Sul tinham sido conquistadas, que o exército japonês da Manchúria tinha se rendido. Era tarde demais. A guerra tinha terminado no dia 14.

Por que foi a bomba atômica lançada no dia 6 de agosto? Se razões militares explicam o recurso a esse engenho, a data pode ser explicada por considerações de ordem diplomática. De fato, sem esse recurso a ofensiva soviética teria alcançado todos os seus objetivos, militares e políticos. Os Estados Unidos veriam os exércitos soviéticos percorrerem a Manchúria e capturarem pelo menos meio milhão de homens, ao passo que eles mesmos teriam permanecido em Iwo Jima e Okinawa. Quiseram evitar essa situação, e realmente a evitaram, utilizando a bomba atômica.

Assim, parece que o recurso à arma atômica foi decidido para pôr fim, o mais rapidamente possível, a uma guerra cuja continuação inquietava os dirigentes americanos, que não podiam deixar de considerar o que seria necessário para conquistar o arquipélago nipônico, mas que foi também inspirado pela preocupação de evitar uma ampliação do poder russo na Ásia. As duas motivações se completam. Mesmo aqueles que pensavam em primeiro lugar num fim o mais rápido possível para a guerra não podiam deixar de considerar o que representaria a presença soviética no Extremo Oriente. Mesmo aqueles que tinham ficado obcecados por esta última eventualidade não podiam deixar de ansiar pelo fim do conflito. O recurso à arma atômica foi, ao mesmo tempo, o último ato militar da Segunda Guerra Mundial e a primeira operação importante da guerra fria.

e) As ilusões das Nações Unidas

Toda reflexão sobre as causas de uma guerra conduz à concepção de sistemas políticos capazes de evitar seu ressurgimento. Por isso, mesmo enquanto ainda perduravam os combates, a idéia de um novo sistema de segurança coletiva se impôs, sendo a ineficácia da Sociedade das Nações considerada como uma das principais causas da Segunda Guerra Mundial. O princípio da segurança coletiva em si não tinha sido colocado em questão, mas apenas a maneira com que tinha sido utilizado pelo organismo genebrês: podia, assim, servir de base a uma nova instituição, a respeito da qual todos proclamavam que devia ser, pelo menos no que dizia respeito à sua estrutura e quanto ao seu funcionamento, bastante diferente da antiga.

Desde 26 de agosto de 1941, em um documento conhecido pelo nome de "Carta do Atlântico", Churchill e Roosevelt previam "a instituição de um sistema de segurança geral estabelecido sobre bases mais amplas".

Não se podia pensar numa simples ressurreição da Sociedade das Nações, em primeiro lugar, porque ela tinha tido, psicologicamente, efeitos desastrosos e, além disso, porque a União Soviética, que tinha sido excluída da Sociedade em dezembro de 1939, em seguida à sua agressão contra a Finlândia, a isto se opunha formalmente. A iniciativa partiu dos Estados Unidos. Em 1º de janeiro de 1942, os países em guerra contra a Alemanha assinaram a "Declaração das Nações Unidas", que previa "um sistema de paz e de segurança" para após a guerra. Esse sistema foi implantado pela Conferência de San Francisco, de 25 de abril a 25 de junho de 1945.

Se durante a Primeira Guerra Mundial os homens de Estado aliados tinham pensado na nova organização internacional com a qual sonhavam em função do "concerto", e se, antes de mais nada, se esforçavam em preencher as lacunas mais evidentes deste, durante a Segunda Guerra Mundial, pode-se constatar quase que o mesmo fenômeno: desejava-se remediar os defeitos mais evidentes da Sociedade das Nações, esperando que uma nova "liga", assim melhorada, teria sucesso onde a antiga tinha fracassado. É certo que os dois traços fundamentais que diferençavam a Sociedade das Nações do "concerto", e a respeito dos quais os homens de Estado tinham se posto de acordo durante a Primeira Guerra — o caráter institucional e o caráter universal da organização — não estavam sendo postos em questão, porém as novas características destinadas a corrigir os defeitos da Sociedade das Nações pareciam reconduzir a alguns princípios do "concerto" que tinham sido renegados em 1918. Os dois defeitos universalmente reconhecidos eram, por um lado, a ausência de poderes coercitivos por parte da organização e, por outro lado, a paralisia do mecanismo de acomodação pacífica. A idéia de que a ação comum das grandes potências devia constituir o motor da organização lembrava o "concerto", onde a união dos Grandes garantia a acomodação das situações e proporcionava ao meio internacional um braço secular coercitivo. Parecia, portanto, que se fazia presente uma orientação no sentido de uma espécie de "concerto", não mais europeu, porém mundial, em cujo âmbito a presença de pequenos Estados conseguiria, no que se refere à acomodação de interesses contraditórios, amortecer os choques dos Grandes e impedir esta ação demasiado brutal dos Grandes contra os Pequenos, que a composição do "concerto" tinha tornado possível. O clima era de união e muitos pensavam que a aliança russo-americana se afirmava a partir dos tempos de guerra como uma antecipação do mais firme sustentáculo da paz. Porém, a O.N.U. não iria responder às esperanças nela depositadas. Contrariamente à S.D.N., ela não contraiu nenhum vínculo com os tratados de paz, o que lhe teria emprestado a feição de um sindicato de vencedores. Contrariamente à S.D.N., carregava a marca da universalidade: 50 adesões iniciais à Carta de San Francisco, dentre as quais as dos Estados Unidos e da Rússia (que tinham se mantido à parte da S.D.N. durante sua fase de atividade), bem como da Grã-Bretanha e dos países da Commonwealth, da França, da China e dos Estados da América Latina. O Conselho de Segurança, sob a iniciativa das principais potências, tinha o dever de manter a paz e, para fazê-lo, dispunha de iniciativa e autoridade capazes de impor sanções. A Assembléia Geral devia criar o clima de paz. Porém, os fundadores da O.N.U. — entre os quais, inicialmente, os britânicos eram os únicos representantes da Europa — tinham partido do princípio de que as condições para a paz estavam satisfeitas, que as diferenças que podiam ser antecipadas não trariam a guerra para seus flancos, e eles, generosamente, concederam à O.N.U. a permissão para abordar todos os problemas internacionais, até o limite do nacional, licença para regulamentar todas as questões, exceto as mais explosivas. Assim, o postulado da *entente* das grandes potências, sobre o qual repousava todo o edifício, mostrou-se falso desde o princípio. Disso resultou que a Assembléia Geral, em lugar de se constituir em uma Anfictionia* à sombra das oliveiras, tornou-se um dos principais teatros e, sem dúvida, a mais espetacular tribuna da guerra fria.

A O.N.U. repousava sobre um postulado, no sentido matemático do termo, a saber, a capacidade de comunistas e não comunistas de se entenderem para edificar um mundo livre de tensões — o que significava a possibilidade de uma ética comum e, portanto, a renúncia da União Soviética aos objetivos universalistas de sua ideologia. A partir do mês de janeiro de 1946, o Conselho de Segurança ficou paralisado pelo "veto" soviético, e a O.N.U. pôde apenas registrar os sucessivos agravamentos do antagonismo dos dois Grandes.

---

* Anfictionias: Assembléias a que os povos da Grécia Antiga, federados num desígnio religioso e político, mandavam os seus delegados (anfictiões) para deliberar sobre assuntos gerais e julgar as questões que os separavam. (N. do T.)

CAPÍTULO II
Da "Grande Aliança" aos Dois Blocos

Quaisquer que fossem suas desconfianças e reticências, suas hesitações face às exigências da cooperação interaliada e suas decisões unilaterais, a União Soviética tinha mantido, no que diz respeito às potências anglo-saxônicas, até o final da guerra, as aparências de um aliado. Porém as coisas modificaram-se quando se tratou de chegar a um entendimento para colher os frutos da vitória. Segundo Dulles, que participou da primeira sessão do Conselho de Ministro de Relações Estrangeiras, "ela marcou o fim de qualquer pretensão dos comunistas soviéticos de passar por nossos amigos". A coalizão tinha se rompido, eram os antigos aliados que ajustavam suas contas. Os Estados Unidos estavam cada vez mais convictos de que não deviam consentir em fazer a menor concessão. Relembrando a reunião dos Ministros de Relações Exteriores em Londres, Byrnes dizia: "Esta foi, realmente, uma prova de força." A palavra de ordem passou a ser "firmness and patience" — a paciência devia se unir à firmeza. Porém, no início de 1946, o presidente Truman escrevia ao Secretário de Estado Byrnes:

Se a Rússia não se defrontar com homens que a detenham com punhos de aço e com palavras enérgicas, haverá uma nova guerra. Ela só compreende uma única linguagem: "Quantas divisões possuem vocês?" Eu não acredito que devemos perder mais tempo fazendo concessões.

Estava declarada a guerra fria. Ela não tinha sido objeto de qualquer definição, sem dúvida devido ao fato de que, do ponto de vista dos conceitos clássicos, era a guerra sem, no entanto, o ser, de fato; sem dúvida, também, devido ao fato de que tinha sido dominada por um fator militar e, ainda mais, político, que perturbava os conceitos clássicos: a arma nuclear. Ela pode, no entanto, ser considerada como uma guerra limitada, e essa limitação diz respeito às confrontações, e não aos meios. Vista do Ocidente, ela parecia ser o resultado das ações empreendidas pelo Kremlin e pelos partidos comunistas que desejavam se aproveitar das alterações provocadas pela guerra, para alcançar seus objetivos mundiais sem, no entanto, arriscar-se a uma guerra total, cuja primeira vítima teria sido a União Soviética. Vista de Moscou, parecia ser conseqüência da recusa do mundo capitalista em aceitar, ao mesmo tempo, a filosofia e a ação dos movimentos que se inspiravam no marxismo-leninismo. À noção de que essa filosofia-álibi e essa ação visavam a subversão e a conquista de Estados do mundo não comunista, onde a vontade do povo se exprimia através de vias democráticas, se opunha a idéia de que essa ação, justificada por essa filosofia, estava inscrita na própria lógica da história e respondia às aspirações dos povos cuja libertação preparava. Assim considerada, a guerra fria se iniciou em 1917, uma vez que o Estado bolchevique sempre considerou como inimigos os Estados capitalistas, e procurou enfraquecê-los, ao passo que os Estados capitalistas viam o Estado bolchevique como um foco de contágio que era necessário isolar. Mas a situação criada pela Segunda Guerra Mundial lhe conferiu outra significação: a formação de dois campos engajados numa luta inescapável que devia, aos olhos da União Soviética, constituir a última etapa anterior ao triunfo do socialismo, e na qual os Estados Unidos participariam com o armamento nuclear cujo monopólio detinham antes de vir a ser seu principal possuidor.

Em 1945-46, o destino da China estava em suspenso, o da Europa ocidental não parecia mais assegurado, em virtude da força dos partidos comunistas de certos países, especialmente na França e na Itália. O objetivo da União Soviética parecia, assim, o de reunir-se aos diversos países situados além da linha de demarcação militar ou convulsionados por lutas intestinas, sem empregar exércitos regulares. Os dirigentes soviéticos tomavam grande cuidado para não transpor o limite do *casus belli*, agora que possuíam uma superioridade militar considerável, e os exércitos americanos tinham se retirado da Europa e os países europeus não tinham condições de reunir a menor força militar. Porém essa superioridade militar repousava sobre os armamentos "clássicos", e os Estados Unidos dispunham da arma nuclear. Os conceitos clássicos não se prestavam à compreensão das novas formas de confrontação. A guerra aberta não era uma certeza, porém ela não era impossível, sendo que as discussões a respeito de seu grau de probabilidade, sua incerteza, davam forma às reflexões e decisões dos homens de Estado. Assim, a história política dos armamentos nucleares se inicia em 1945.

a) Das desconfianças à hostilidade

A história da O.N.U. durante os dois primeiros anos foi um acúmulo de decepções para aqueles que acreditavam que uma "lei internacional" se imporia aos interesses nacionais. Ela mostra até que ponto a condição essencial de seu funcionamento, a unanimidade das grandes potências, foi raramente colocada em prática. Ela tem, pelo menos, o mérito de lançar alguma luz sobre as questões que se colocaram aos diplomatas. Desde o início, os Estados Unidos e a Grã-Bretanha deram seu apoio a uma queixa endereçada ao Conselho de Segurança, em 19 de janeiro de 1946, pelo governo iraniano, contra a U.R.S.S. e sua política no Azerbeijão. Desde 21 de janeiro, a U.R.S.S. e a Ucrânia contra-atacaram e protestaram contra a presença de tropas britânicas na Grécia e na Indonésia. Foram encontradas soluções para essas questões, porém fora do Conselho de Segurança que, imobilizado pelo recurso do veto, era incapaz de tomar uma decisão.

Foi o problema da energia atômica que ilustrou da maneira mais espetacular o início do antagonismo Leste-Oeste. Ao término de sua reunião, em Washington, de 11 a 15 de novembro de 1945, Truman, Mackenzie King e Attlee — chefes de governo dos três Estados então possuidores do segredo atômico — sugeriram uma ação internacional para impedir o recurso à bomba e para encorajar a utilização industrial da energia atômica. Já em 24 de janeiro de 1946, a Assembléia Geral aprovou, por unanimidade a criação de uma "Comissão de Energia Atômica". Porém não se chegou a nenhum acordo sobre os métodos a serem empregados. Os Estados Unidos (Baruch) propuseram em junho de 1946 a criação de uma "Autoridade para o Desenvolvimento Atômico", encarregada do controle de toda a produção de minerais radioativos e de sua utilização, não podendo o controle ser entravado pelo veto das grandes potências. Em nome da U.R.S.S., Gromiko propôs, ao contrário, que nenhuma autoridade especial fosse criada e que o controle dependesse do Conselho de Segurança, onde cada um dos Grandes dispunha do poder de veto, o que teria permitido a cada um deles interditar qualquer inspeção em seu próprio território. Além disso, uma convenção internacional poria "fora da lei" a arma atômica e todos os seus estoques seriam destruídos. Por fim, o "segredo atômico" seria difundido entre todos os Estados membros da O.N.U. Essa proposição soviética não teria afetado senão os Estados Unidos, únicos possuidores, em 1946, de estoques de bombas atômicas. A essa oposição de concepções se somava a prisão de diversos espiões soviéticos no Canadá, e os planos americano e soviético nada mais fizeram do que traduzir a desconfiança recíproca que tinha se instaurado entre os dois países.

A O.N.U. conheceu muitos outros reveses: o do "comitê de estado-maior" (que, segundo a Carta, tinha sido encarregado de formar uma força internacional composta de contingentes nacionais), o da "comissão de armamentos convencionais", etc. Todos esses reveses resultaram de um único fato: o endurecimento do antagonismo russo-americano. A idéia de um mundo submetido à lei do concerto das nações foi substituída pela submissão mais ou menos obrigatória de todas as nações a duas dentre elas. No dia em que os soldados americanos e russos se uniram junto ao Elba, a Europa tornou-se uma *no man's land* que os dois Grandes pretendiam disputar. Era, desde então, inevitável que os países situados entre os dois Grandes fizessem o papel de territórios disputados, se arriscassem a pender para um ou para o outro campo, o que teria modificado o equilíbrio global das forças. As guerras civis da Grécia e da China, as batalhas eleitorais na Itália, na Alemanha, na França, não representavam mais que formas conjunturais de uma luta por trás da qual a confrontação não era outra senão a que dizia respeito à adesão das "nações intermediárias", "jovens" ou "velhas", européias ou asiáticas, a um ou a outro dos dois Grandes. Toda campanha eleitoral adquiria, assim, uma significação internacional. Nem todos os partidos políticos recebiam ordens ou subsídios de Washington ou de Moscou, porém o grau de submissão às influências exteriores pouco importava: aquele que optava pela democracia de tipo ocidental não recebia, para tanto, ordens de Washington mas, nem por isso, deixava de se tornar, aos olhos de seus rivais comunistas, aos olhos da U.R.S.S. e dos países que deviam obediência aos soviéticos, um "vendido ao imperialismo americano": o quadro eleitoral se confundia com o quadro estratégico.

Este problema do comportamento das "nações intermediárias" assumia uma importância tanto mais considerável na medida em que essas nações constituíam o penhor do conflito entre os dois Grandes: se os Estados Unidos, por exemplo, não cogitavam em dominar a Alemanha, exigiam, em troca, que esta não fosse conquistada pelo comunismo, e para evitar sua sovietização davam apoio aos homens que voltavam suas vistas para o Ocidente, justificando sua atitude pelo temor e pela possibilidade de uma ação soviética. Tinha este conflito razões ideológicas, ou devia-se a motivos relacionados com interesses materiais? Ainda que os dois Impérios não lutassem apenas pela Idéia, todo avanço de um ou de outro acarretava a expansão de suas idéias e até de seu regime, ao mesmo tempo que implicava o aumento de seu poder: os dois termos do binômio ideologia-poder tornavam-se indissociáveis. O mundo não tinha reencontrado a paz mas, apesar disso, não tinha sido obscurecido pela guerra. Tinha-se estabelecido uma ausência de paz que não era a guerra, e a guerra parecia tão improvável quanto a paz se mostrava impossível. No dia seguinte à queda do III Reich, ninguém era tão inocente a ponto de acreditar na possibilidade de um idílio russo-americano, porém muitos esperavam uma trégua, devido à dimensão das tarefas que impunham à União Soviética sua reconstrução interna. Porém eles baseavam seu raciocínio em uma noção tradicional de paz, que repousava sobre uma dupla limitação da diplomacia: quanto às confrontações, quanto aos meios. Mas esta noção tinha sido ultrapassada: após o fim da guerra, a diplomacia era tão radical quanto o podia ser a ação militar, tendo a dialética dos extremos suplantado o diálogo do compromisso. Ao passo que as armas nucleares já acentuavam e não iriam demorar a amplificar a proporções consideráveis, o hiato entre o radicalismo dos objetivos e a limitação dos meios.

b) O rompimento das alianças

É no contexto deste quadro geral, e em função dele, que se tornam claros os acontecimentos que tiveram como resultado a criação do *Kominform* em setembro de 1947 – *Kominform* esse que, muito mais que o *Komintern* dissolvido em 22 de maio de 1943, era uma expressão da diplomacia soviética e que se colocava como uma resposta ao Plano Marshall.

O ano de 1946 tinha sido caracterizado por um aumento da tensão. As questões da Grécia, o Azerbeijão, as discussões no seio do Conselho de Segurança, o início da guerra da Indochina, etc., tudo isto contribuía para agravar as incertezas e as desconfianças. Sem dúvida, tinha-se alcançado a conclusão de tratados com os aliados do III Reich, porém nada parecia menos provável do que a assinatura de um tratado sobre a Alemanha em si, e a cada reunião se colocavam mais problemas que elas não resolviam. Longe de atenuar essa tensão, o ano de 1947 as intensificou. Em 12 de março de 1947, três meses após a substituição do Secretário de Estado Byrnes pelo General Marshall (sinal de uma maior tensão do lado americano) o presidente Truman solicitava ao Congresso a aprovação de uma ajuda de 400 milhões de dólares à Grécia, vítima de uma guerra revolucionária, e à Turquia, que se sentia ameaçada: os Estados Unidos pretendiam evitar a renovação do processo que tinha resultado na instalação de regimes comunistas na Polônia, na Bulgária, na Rumânia, na Hungria. A ajuda econômica devia permitir assegurar a independência nacional. Não se tratava de uma ajuda caridosa, nem de um apoio puramente econômico, porém um socorro econômico com significação e objetivos políticos. O isolacionismo estava morto: o engajamento dos Estados Unidos na Europa confirmava os ensinamentos de Pearl Harbor.

Com três semanas de intervalo, os comunistas foram excluídos dos governos da França e da Itália. Em 5 de junho, na Universidade de Harvard, o General Marshall declarava:

A situação mundial é extremamente grave... A guerra provocou tanta destruição que as necessidades da Europa são maiores que sua capacidade de pagamento. É necessário considerar a provisão de uma ajuda suplementar, sob pena de ela se expor a um abalo econômico, social e político extremamente grave.

A oferta era endereçada aos países da Europa Ocidental e à União Soviética: após algumas hesitações, a União Soviética rejeitou a ajuda e impôs a mesma rejeição aos seus satélites. Foi dentro deste processo de cristalização de um bloco comunista que ocorreu, a partir de 1948, a sovietização da Tchecoslováquia, a qual iria desempenhar um papel determinante na formação da aliança ocidental. Além do que, ao mesmo tempo, a U.R.S.S. desenvolvia sua ação no Norte do Irã, junto aos Dardanelos, na Malásia, na Birmânia, nas Filipinas. Revelavam-se, então, as causas profundas da impotência da O.N.U. Assim como a Sociedade das Nações, a O.N.U. repousava sobre um conceito herdado do século XIX, segundo o qual o mundo caminhava em direção à paz, em razão do progresso da consciência moral, desde que as relações internacionais fossem organizadas de tal modo que um Estado perturbador não pudesse desencadear um conflito. Porém o mundo resultante da Segunda Guerra Mundial não era esse mundo de progresso inevitável. É que, de fato, devido ao peso das ideologias, a concepção da paz, a noção de fronteira entre um conflito e um acordo, no Leste e no Oeste, não repousavam sobre uma mesma definição de *status quo*, e o Leste e o Oeste não tinham a mesma idéia a respeito do valor e da legitimidade de mudanças. O mal-entendido era total. Para a U.R.S.S., a instalação de regimes comunistas em todos os países era legitimada pela dialética da história, e a questão das modalidades democráticas tornava-se secundária. Para os Estados Unidos, ao contrário, esses procedimentos eram essenciais, mesmo se eles fossem acomodar influências não oficiais a favor das forças não comunistas. Dialeticamente, os dirigentes soviéticos não procuravam conquistar os Estados não comunistas e lhes impor regimes calcados no seu. Eles buscavam criar condições favoráveis ao sucesso do partido comunista, ou seja, ao sucesso da "liberação" dos povos e nações. Dialeticamente, os dirigentes americanos não buscavam impor uma democracia de tipo ocidental, porém consideravam que esse regime correspondia ao ideal humano, e aqueles que a ele se opunham deviam ser combatidos, uma vez que não "participavam do jogo". No que se refere à própria noção de Estado, conceito de relação de forças e de movimento da história, a oposição era irredutível. Porém o postulado sobre o qual tinha se edificado a O.N.U. ignorava os imperativos revolucionários do comunismo e não podia imaginar outro ideal senão a democracia de tipo ocidental (ou, mais precisamente, anglo-saxão). O fracasso estava inscrito na lógica dos fatos, tratando-se apenas de saber quando é que esse revés se tornaria tão espetacular a ponto de não mais poder ser negado. Da irredutibilidade das ideologias, e em conseqüência, das concepções políticas, chegou-se, muito rapidamente, a acusações mútuas de "imperialismo". O germe da cristalização bipolar encontrava-se já nos acontecimentos logo ao final da guerra. A instalação de um governo comunista em Praga se constituiu o dado fundamental da política internacional.

A situação era tanto mais grave (e irreversível) se se considerasse que o poder se encontrava concentrado em um Estado continental e num Estado marítimo: é lógico que o primeiro procure se estender até os limites do continente a que ele pertence, e que não seja impedido, a não ser pela ameaça que o Estado marítimo faça pesar sobre ele, de defender seus litorais por todos os meios, inclusive a guerra. Para a União Soviética, a Europa Ocidental constituía esses "limites do continente", ao passo que, para os Estados Unidos, ela representava seus "litorais", tendo os acontecimentos justificado o que escrevia Paul Valéry em *Variété I*:

A Europa se tornará o que ela é, em realidade, ou seja, um pequeno cabo do continente asiático?

Esse "pequeno cabo" vinha a ser um Estado-tampão. Porém a condição desse tipo de "tampão" é raramente invejável, pois cada um de seus grandes vizinhos deseja atraí-lo. A ruptura das "zonas intermediárias" tinha destinado a Europa Ocidental a desempenhar esse papel.

É então que se tornam mais precisos os dados do problema da "ruptura das alianças".

A história da Europa é rica em exemplos de tais rupturas. É comum ocorrer que após a derrota do inimigo comum, donde a dissolução do objetivo, as coalizões tenham se desagregado por si mesmas, tendo os vencedores, divididos, procurado, cada um por sua conta e à sua maneira, se valer dos favores do vencido. Não há, portanto, nada de surpreendente no fato de que o destino da Alemanha e do Japão tenha se tornado motivo de um dos antagonismos essenciais da guerra fria. Esses dois países, enfraquecidos, porém não destruídos, pertenciam, virtualmente, ao primeiro escalão das grandes potências regionais. Eles eram sobrepujados pelos Estados Unidos e pela União Soviética, porém, aliados a um ou a outro dos dois Grandes, eram capazes de proporcionar uma força complementar, decisiva em certas eventualidades, e a Europa Ocidental sabia que não poderia ter como inimigos a Alemanha e a Rússia, sem avançar rumo à catástrofe. No Extremo Oriente, os Estados Unidos julgavam não ter necessidade de um Japão restaurado: tinham confiança na China, cuja inclusão como um dos cinco membros permanentes do Conselho de Segurança na O.N.U. tinham promovido. A vitória de Mao Tse-tung colocou em questão o futuro do Japão, porém este estava garantido em razão da política aplicada por MacArthur. Na Europa, foi a partição da Alemanha que provocou choques.

A sorte destinada à Alemanha, segundo os acordos de Potsdam, previam notadamente um desmantelamento da indústria, a concessão de "reparações", a impossibilidade de um novo rearmamento, etc. Porém, se os Estados Unidos não tinham necessidade de tais "reparações", a União Soviética contava com elas para superar algumas das conseqüências econômicas da guerra. Enquanto fosse do interesse material de Moscou exigir essas "reparações", donde o interesse em respeitar o acordo de Potsdam, era do interesse psicológico de Washington não as exigir, para não dar ao povo alemão a impressão de que a queda do III Reich anunciava uma punição. Quanto mais a União Soviética se reportava ao acordo de Potsdam (referendado pela França), mais dele se afastavam os Estados Unidos, procurando, assim, evitar um aumento da influência dos comunistas nas zonas ocidentais. A essas diferenças de apreciação do valor que conservavam os acordos de Potsdam se somava a reação americana frente à política adotada pela União Soviética em sua zona de ocupação, ocupação militar que, rapidamente, assumiu a forma de uma sovietização. Cada um dos dois Grandes respondia à iniciativas do outro por meio de uma nova· ênfase de sua própria política. Julgando que a referência aos acordos de Potsdam não era mais que um álibi de que se valia a União Soviética, os Estados Unidos se esforçaram para obter o apoio da Grã-Bretanha e da França, no sentido da aplicação de uma política completamente diferente daquela implícita nos acordos de Potsdam, política que implicava a reforma monetária e a constituição do governo de Bonn. Em 8 de maio de 1949, a "lei fundamental de Bonn", compromisso entre as teses federalistas e as teses centralistas, davam origem à República Federal Alemã. Em 12 de setembro, o Professor Theodore Heuss, liberal, foi eleito presidente da República; no dia 15, o Doutor Konrad Adenauer foi eleito chanceler. No fim de setembro, a Alemanha existia novamente como potência política autônoma.

A União Soviética reagiu suscitando a reunião de um "Conselho do Povo Alemão" em Berlim, o qual, em 7 de outubro, proclamou a criação de uma "República Popular Alemã" da qual o líder comunista Otto Grotewohl foi noemado ministro-presidente e que foi ligada à União Soviética como um país "satélite". Essa reintrodução, na política européia, de uma ação autônoma por parte da Alemanha foi uma reviravolta considerável. Não havia mais um "problema alemão" que as potências ocupantes tentassem resolver (adotando posições tais, que a solução era impossível): um novo parceiro fazia sua aparição e iria se esforçar por desempenhar um papel crescente na determinação de seu próprio destino — os alemães do Oeste não distinguiam seu destino do dos ocidentais, os do Leste não distinguiam o seu do da União Soviética. A bem dizer, o rompimento das alianças tinha se anunciado desde o fim da guerra, uma vez que, a pedido do General de Gaulle (que, no plano diplomático, tinha se mantido de acordo com os compromissos de Potsdam), o General Billote, então chefe do estado-maior da defesa nacional, tinha iniciado discussões com os generais Ridgway e Martin, para estudar que papel a Alemanha do Oeste poderia desempenhar dentro de um esquema de defesa ocidental — discussões realizadas a muita distância para que se tivesse definido o número de divisões que a Alemanha deveria ser capaz de proporcionar a essa defesa.

O desejo dos ocidentais de resistir a uma ameaça soviética que julgavam, correta ou erroneamente, grave, tinha tomado corpo, e a República Federal Alemã não tardaria a se inserir no quadro dos dispositivos estratégico-políticos ocidentais, enquanto a República Democrática Alemã tornava-se uma das peças mestras dos dispositivos soviéticos.

c) A cristalização dos dois blocos

A idéia de aliança defensiva das nações ocidentais, no quadro das Nações Unidas, tinha sido lançada por Winston Churchill em seu discurso de Fulton, em março de 1946. Ela foi retomada por Saint-Laurent, então Secretário de Estado canadense para Relações Estrangeiras:

> Se forem constrangidas a tanto, é possível que essas nações busquem maior segurança dentro de uma associação de Estados democratas e pacíficos dispostos a aceitar obrigações internacionais mais precisas em troca de uma segurança nacional mais assegurada.

Em 22 de janeiro de 1948, perante a Câmara dos Comuns, Ernest Bevin sugeriu uma fórmula de união ocidental que consistia num conjunto articulado de acordos bilaterais, baseados no modelo do tratado franco-britânico de 1947, e abriu uma nova perspectiva:

> Devemos considerar a possibilidade da associação de outros membros tradicionais da civilização européia, e especialmente da nova Itália, a essa grande empresa... Nós concebemos a Europa Ocidental como uma totalidade.

O tratado franco-britânico de Dunquerque era um tratado "de aliança e de assistência mútua" concluído para vigorar por cinqüenta anos, nos termos do qual os dois países deveriam se unir no caso de a Alemanha tentar uma nova agressão — perspectiva clássica segundo a qual a Alemanha era o único fator de perturbação possível. A operação soviética em Praga agravou suas inquietações, porém, agora que se desenrolavam as conferências para a conclusão de um pacto europeu, desenvolvia-se a idéia de um pacto atlântico. Em 4 de março, os representantes da Bélgica, da França, do Luxemburgo, dos Países Baixos e da Grã-Bretanha se reuniram em Bruxelas para discutir os termos de um tratado de assistência mútua, baseado no projeto britânico e, no mesmo dia, Georges Bidault enviava uma mensagem ao General Marshall:

> É chegado o momento de se concentrar no terreno político e, o mais rapidamente que se possa, no terreno militar, a colaboração do Velho e do Novo Mundo.

O tratado foi assinado em 17 de março. Nesse dia, o presidente Truman declarou perante o Congresso:

> Estou certo de que a resolução dos países livres da Europa será acompanhada por uma igual resolução de nossa parte no sentido de prestar-lhes um auxílio.

Essas palavras tinham uma importância capital: os signatários do tratado de Bruxelas podiam, a partir desse momento, de fato, ter certeza de que os Estados Unidos não se contentariam com uma promessa de ajuda, após uma agressão, mas se empenhariam suficientemente para desencorajar um eventual agressor. Após ter afastado Wallace e Byrnes, que não compartilhavam de seus pontos de vista, o presidente Truman fez um convite ao General Marshall. Este iria inaugurar a política de *containment* e de ajuda que os Estados Unidos sustentaram, sob as formas mais diversas, durante os anos seguintes. A essa política, ele acrescentou sua perspectiva pessoal. Estrategista da ofensiva massiva e concentrada, quis conduzir a ofensiva diplomática para o *front* mais importante. Tendo sido perdida a China, esse *front* era a Europa. O Plano Marshall iniciou essa ofensiva: os Estados Unidos não podiam se fechar em si mesmos. Todas as tradições tinham sido destruídas, até mesmo as do *non-entanglement*. A aliança em tempo de paz não era mais desprezada, porém bem-vinda. A responsabilidade mundial aliada à onipotência, impunha uma onipresença até a "cortina de ferro".

Em 11 de junho de 1948, por 64 votos contra 4, o Senado americano adotou a "resolução Vandenberg-Connaly" que, modificando a Constituição, autorizava o governo a subscrever, em tempo de paz, alianças que implicavam compromissos fora do território americano: a extensão atlântica do tratado de Bruxelas não era mais que uma questão de tempo. Reunidos em 6 de julho de 1948, atrasados, no outono corrente, pelas hesitações da Suécia (que, ao final, recusou-se a renunciar à sua neutralidade), os negociadores alcançaram um acordo, em 4 de abril de 1949, assinando o Tratado de Washington, que criava a Organização do Tratado do Atlântico Norte, a O.T.A.N.[1]

Nesse estádio da história do mundo saído da Segunda Guerra Mundial, o essencial era que os Estados Unidos se engajassem fora do território americano, que considerassem como dirigida contra si uma agressão que atingisse, sob qualquer forma que fosse, um de seus aliados europeus; que não esperassem, para responder, que a agressão fosse cometida contra seu próprio território. Em outras palavras, o poder americano não estava mais a serviço exclusivo dos Estados Unidos, se achava posto a serviço de uma aliança na qual dez dos doze membros eram Estados europeus. A estratégia não podia deixar de ter sido afetada, nem, em conseqüência, o papel do armamento nuclear no raciocínio estratégico e no comportamento político. Os países membros da O.T.A.N. não possuíam as forças clássicas que pudessem equilibrar o potencial soviético e nenhum deles possuía armas nucleares. Os Estados Unidos possuíam armas nucleares, porém deviam colocar, na Europa, forças não nucleares, a fim de não ficarem condenados, em caso de agressão, à escolha entre a capitulação e a guerra nuclear. Quanto à União Soviética, ainda que dispusesse de uma enorme superioridade em armamentos clássicos, ainda que, além disso, se beneficiasse de um espaço estratégico que se estendia até a

---

1. *"Contenção"* − *"Ataque"*: o dilema que colocava em questão a hipótese de uma guerra preventiva nunca se apresentou sob uma forma tão esquemática. Na Europa, por vezes, os Estados Unidos tiveram a tentação de agir "a partir do interior", por meio de uma propaganda que não se constituía, aliás, em subversão, sobre os regimes instalados em 1945. Esta ação foi mais sistemática do que Washington admitiu, e menos do que pretendeu Moscou. O essencial é que recusando os riscos de guerra total decorrentes de uma operação de "ataque", os Estados Unidos optaram por uma política que visava "conter" o comunismo e, portanto, ajudar os países suscetíveis de se tornarem "satélites" da U.R.S.S. A ajuda econômica foi considerada como a melhor maneira de concretizar essa política de *contenção*. Porém, muito rapidamente, o auxílio econômico se mostrou insuficiente. O engajamento militar era uma implicação da *contenção*. Ele significava uma ruptura com o isolacionismo. Retrospectivamente, pode-se inserir em uma mesma lógica o discurso de Marshall em Harvard, a ajuda à Grécia e à Turquia, a declaração de Truman de 17 de março de 1948, a votação da "resolução Vandenberg-Connally" em 11 de junho de 1948 e o Tratado de Washington de 4 de abril de 1949.

linha Hamburgo-Trieste, podia contar com apenas um embrião de força nuclear.

Colocado pela primeira vez nas conversações Billote-Ridgway-Martin, de 1946-1947, o problema do rearmamento da Alemanha tornou-se um dos grandes temas das negociações e de controvérsias — por um lado, entre os Estados Unidos e seus aliados e, por outro, entre os Estados Unidos e a União Soviética. Atendo-se aos acordos de Potsdam e negando que a "polícia" organizada na Alemanha Oriental fosse considerada como uma força militar, a União Soviética se levantava contra o próprio princípio de rearmamento da Alemanha Ocidental, o que era contrário aos acordos de Potsdam. Em 15 de setembro de 1950 (em um clima onde pesava a guerra da Coréia), o Conselho Atlântico decidiu que o limite do *casus belli* se situaria sobre a própria "cortina de ferro". Essa decisão implicava a inclusão do território alemão ocidental nos dispositivos estratégicos da O.T.A.N., e essa "estratégia para a frente" não era nem psicologicamente nem politicamente concebível senão com a participação de forças alemãs, independentemente do apoio material que essas forças pudessem representar. A decisão do Conselho Atlântico trazia em seu bojo o rearmamento da República Federal da Alemanha. Assim como a União Soviética tinha reagido à assinatura do Tratado de Bruxelas com um endurecimento de sua atitude (bloqueio de Berlim), reagiu à conclusão do tratado de Washington por meio de uma renúncia, ao menos aparente, a suas iniciativas na Europa: levantamento do bloqueio de Berlim e abandono de Markos. Mais uma vez, em sua história, a Rússia se reencontrava diante da dualidade euro-asiática de seus objetivos e diante do ritmo pendular de sua diplomacia, tudo se passando como se os dirigentes soviéticos, fiéis à tradição dos tzares, recuassem diante de um obstáculo europeu, para concentrar seus esforços sobre a Ásia: de fato, quinze meses após a criação da O.T.A.N., eclodiu a guerra na Coréia. Sem dúvida, seria abusivo pretender que a União Soviética tenha declarado a guerra à República Sul-Coreana, porém está demonstrado que a República Popular da Coréia do Norte não teria tomado a iniciativa de operações militares na ausência do encorajamento ou, pelo menos, da concordância da União Soviética. Esta "retomou" à Europa após a assinatura dos Acordos de Paris e, em 14 de maio de 1955, o Pacto de Varsóvia estabeleceu um comando unificado da U.R.S.S. e das democracias populares da Europa, "para responder ao renascimento do militarismo alemão". Esse Pacto de Varsóvia, resposta não à criação da O.T.A.N., mas à assinatura dos Acordos de Paris, permaneceria, todavia, incompreensível se não se tivesse em conta a vontade manifestada pela União Soviética de assumir a liderança do movimento afro-asiático, tal como ele se definiu durante a conferência de Bandung, de 18 a 24 de abril de 1955. Ela só poderia considerar essa ação para tranqüilizar seus aliados europeus, inquietos diante do rearmamento da República Federal Alemã, e preparando seu terreno na Europa de modo que não tivesse nenhuma dificuldade nessa região. Um ano mais tarde, o "europeu" Molotov foi substituído, na chefia da diplomacia soviética, por Chepilov, partidário de uma política de penetração na bacia do Mediterrâneo e na África. No momento em que os ocidentais organizavam seus dispositivos na Europa, a União Soviética instalava, na Europa, um sistema militar que, esperava, lhe permitiria ter as mãos livres fora da Europa. A constituição dos dois blocos foi, assim, caracterizada por uma dupla defasagem: no tempo e no espaço. Porém essa defasagem não atenuava o antagonismo entre os Estados Unidos e a União Soviética.

d) O antagonismo Leste-Oeste e arma nuclear

Quando a guerra eclodiu na Coréia, os países membros da O.T.A.N. dispunham, na Europa, de apenas 14 divisões e de menos de 1 000 aviões. A União Soviética possuía 25 divisões estacionadas fora de seu território, apoiadas por 6 000 aviões, sendo todo o conjunto coordenado por um comando centralizado — e por trás dessas unidades "avançadas", estava a grande massa do Exército Vermelho e da aviação. A situação era tal que, em 15 de junho de 1950, em mensagem aos governos, o Marechal Montgomery não hesitou em escrever:

> Dado o estado atual de coisas e do futuro previsível, se formos atacados pelos russos, a Europa Ocidental será o palco de cenas de uma confusão terrível e indescritível.

É nesta situação, e em função dela, que foi definida a estratégia ocidental, baseada no monopólio nuclear americano — a primeira explosão experimental russa só ocorreu em 29 de agosto de 1949. Essa estratégia — a dissuasão — repousava sobre três fatores fundamentais:

— nenhum sistema de defesa pode, dado o estado atual da tecnologia (e no quadro das hipóteses verossímeis de sua evolução), aspirar a uma eficácia contra um ataque aéreo que se utilize de armas nucleares;

— a única maneira de evitar a guerra é desencorajar um eventual agressor, ameaçando-o com represálias nucleares, que ele não poderá evitar em virtude da insuficiência fundamental de sua defesa, em relação ao ataque que sofreria;

— a eficácia e, portanto, a plausibilidade dessas represálias dependem do grau de invulnerabilidade das bases de onde partem as armas que serão utilizadas nas represálias: é necessário que o agressor tenha a certeza de que, qualquer que seja a forma e a amplitude da sua ação, sua vítima conservará, em qualquer hipótese, meios residuais suficientes para exercer as represálias.

Essa política de dissuasão consistia, portanto, não mais em aceitar um conflito com a esperança de triunfar ao final de um período de tempo mais ou menos longo e ao custo de perdas mais ou menos elevadas, mas em preveni-lo, ameaçando o agressor com represálias que excederiam em destruição os benefícios que poderia esperar do recurso à força.

Se os dirigentes soviéticos tivessem desencadeado uma agressão contra os Estados Unidos, suas forças teriam que destruir, simultaneamente, mais de 100 aeródromos ou outras bases disseminadas por um espaço estratégico que se estendia do Pacífico ao coração da Alemanha, do Cabo Norte ao Cáucaso. Essa simultaneidade era impossível de ser alcançada, especialmente devido ao fato de que os objetivos a serem destruídos se encontravam a distâncias muito diferentes das linhas de detecção eletromagnéticas que protegia todos eles. O agressor teria que optar entre duas táticas. Segundo a primeira delas, o agressor faria com que seus bombardeiros voassem de tal maneira que fossem detectados quase que simultaneamente por todas as bases: os que tivessem atacado os aeródromos britânicos, fá-lo-iam uma hora após o alerta; os que tivessem se dirigido para as bases do Texas, teriam lá chegado de quatro a cinco horas após o alerta — porém nesse instante os bombardeiros americanos teriam alçado vôo, e o coeficiente de invulnerabilidade das bases e das máquinas a serem utilizadas na represália já seria muito maior. De acordo com a segunda alternativa, os planos de vôo dos aparelhos soviéticos teriam sido estabelecidos com vistas a atingir todos os seus objetivos ao mesmo tempo, porém, em virtude das diferentes distâncias que separavam as zonas de detecção dos objetivos, os aparelhos que visassem as bases do Kansas teriam provocado o alerta bem antes que os dirigidos contra a Grã-Bretanha tivessem alçado vôo. A geografia permanecia sendo um condicionante da estratégia, a detecção pelo radar reforçava a noção de distância, quando o progresso em matéria de velocidades teria permitido supor uma relativização muito acentuada desse mesmo conceito.

A certeza de que as represálias eram inevitáveis se impõe, se considerarmos que a dissuasão é comparável a um produto de fatores: existência de equipamento bélico, plausibilidade de seu emprego, disposição de utilizá-los — se um dos fatores diminui, o produto diminui, se um dos fatores se anula, o produto se torna igual a zero. Ora:

— os equipamentos bélicos existiam, sendo esse fator, realmente, reforçado pela superioridade americana;

— seu emprego era plausível, por um lado, devido à necessidade de compensar a inferioridade convencional pela ameaça de recurso à arma nuclear, e por outro, devido à invulnerabilidade do território americano;

— as condições psicológicas estavam suficientemente tensas para que esse recurso fosse admitido.

A validade dessa política repousava sobre uma estimativa da relação aposta-risco e, portanto, sobre considerações políticas e psicológicas. Após Hiroshima e Nagasaki, a confrontação geral parecia inscrita na lógica das tensões de um mundo cindido em dois blocos hostis. Ela foi evitada porque cada um sabia que o preço a ser pago pelo recurso à força seria incomensurável com os proveitos que dela se poderia usufruir, ou apenas, esperar usufruir. Mas podia-se assumir o risco, e ele foi assumido, de atacar objetivos menores, sob a condição de que as ambições assim manifestadas fossem bastante modestas para que não pudessem legitimar o emprego de armas desmesuradamente potentes. O recurso à arma nuclear supunha que o território vítima da agressão representava um objetivo tal que, a despeito dos riscos que ela representava, o recurso à represália nuclear (ou a dissuasão por meio da ameaça de uma tal represália) fosse politicamente e psicologicamente plausível. O recurso à represália, ou à ameaça de represálias críveis, supunha que o objetivo fosse considerado como vital. Não se entra em guerra, atualmente, por uma ninharia, nem por causa da destruição de um avião-espião, como foi demonstrado pelo episódio do *U-2*.

A Europa ocidental representava esse objetivo vital para os Estados Unidos. Porém a invasão da Coréia do Sul por forças da Coréia do Norte, em junho de 1950, foi motivada pela desproporção então existente entre o valor do objetivo coreano para os Estados Unidos e a amplitude de uma reação nuclear contra essa agressão. Os Estados Unidos dispunham, porém, de uma superioridade considerável em matéria de armamento nuclear e seu território era invulnerável. Porém, não afirmando que a Coréia se situava no interior do "perímetro de segurança" dos Estados Unidos, Dean Acheson, então Secretário de Estado, limitou, ele próprio, o valor do objetivo coreado: a partir de sua declaração de 12 de janeiro de 1950, os dirigentes soviéticos concluíram que tinham suas mãos livres na Coréia, e tornou-se lógico, então, que especulassem sobre uma não intervenção nuclear americana.

Em 1940, os beligerantes utilizavam bombas contendo 1 tonelada de TNT. Em 1944, o poder de destruição unitário se elevou a 7-8 toneladas, chegando a 10, na primavera de 1945. A partir de Hiroshima, a curva de progressão passou a evoluir dentro de um outro sistema de coordenadas. Podia-se acreditar que os conflitos fossem, agora, caracterizados pelo recurso às novas armas. Isso não ocorreu, e a guerra da Coréia, para citarmos apenas um exemplo, assistiu à utilização de projéteis comparáveis aos utilizados em 1944-1945. É verdade que a miniaturização dos engenhos de destruição tinha apenas se iniciado, mas as razões pelas quais as armas nucleares não foram utilizadas são mais de ordem psicológica que técnica. Tecnicamente, o limiar poderia ter sido transposto, psicologicamente, foi considerado intransponível.

Surgiu, assim, um novo conceito, o de "limiar de nuclearização", que pode ser definido como o lugar geométrico das considerações políticas, psicológicas e técnicas em função das quais o recurso ao armamento nuclear apresenta mais vantagens do que riscos, ou seja, em função das quais o risco implicado por esse recurso se mostra como inferior ao valor representado pelo objeto da agressão que provocou o conflito. Essa noção tornou-se ainda mais importante a partir do momento em que se estabeleceu a continuidade entre o sistema molecular e o sistema nuclear, ou seja, a partir do momento em que o progresso da miniaturização dos artefatos nucleares colocou todos os armamentos, nucleares e não nucleares, numa mesma curva de evolução. A partir desse momento, pôde-se perguntar se um conflito iniciado com a utilização de meios não nucleares podia não se tornar nuclear, em virtude da continuidade entre os dois sistemas de armamentos, se a nuclearização total de um conflito inicialmente não nuclear não se encontrava inscrita na própria lógica da "escalada". E se se respondesse afirmativamente à primeira indagação, podia-se perguntar em que condições essa nuclearização poderia ser evitada. Podia uma guerra geral não ser total, não ser conduzida utilizando-se todas as armas disponíveis, até a vitória final de um dos campos? Tinha-se o direito de duvidar desse fato, mas não se podia duvidar do fato de que as guerras locais podiam ser limitadas, como tinham sido limitadas no passado. É verdade que os homens de Estado não se tornaram mais sábios, porém estão mais conscientes do que seria uma Terceira Guerra Mundial.

As questões que se colocavam eram as seguintes: — sob que condições seria possível impedir a extensão de um conflito local? — supondo que irrompa uma guerra geral, poderia ela não alcançar uma violência apocalíptica?

No dia em que as respostas a essas questões tornaram-se semelhantes, no Leste e no Oeste, o período da guerra fria se encerrou — da mesma forma como podem se dissolver as perturbações atmosféricas, ou seja, com suas seqüelas e sua sucessão de trovoadas. O pensamento estratégico não podia ser, não o foi e, efetivamente, não é senão uma expressão do estado da tecnologia e da relação de forças entre adversários potenciais. Era, portanto, lógico que os progressos alcançados no domínio da miniaturização afetassem os conceitos estratégicos. Não foi por outra razão que estes, a seguir, tiveram que se adaptar a uma alteração fundamental na relação de forças: ao monopólio e à superioridade americanas, sucedeu-se uma paridade russo-americana. Concebida no decorrer da primeira fase da era nuclear, a dissuasão "total" — ou uma guerra total, ou uma ausência de guerra — teve que ser revista em função da evolução das técnicas e, portanto, dos meios. O acesso da União Soviética ao poder nuclear e os progressos alcançados em matéria de miniaturização dos artefatos afetaram todos os elementos da dissuasão, fossem eles o "limiar de nuclearização", a relação aposta-risco, a credibilidade da ameaça de represálias, etc. Uma dissuasão "total" teve que ser substituída por uma dissuasão "diferenciada", o que implicou problemas técnicos e políticos consideráveis. A guerra fria terminou assim que, conjuntamente, os Estados Unidos e a União Soviética tomaram consciência da lógica nuclear. A preocupação política teve que se submeter aos imperativos técnicos da lógica nuclear.

CAPÍTULO III
As Convenções da Guerra Fria

Uma vez que tinham se tornado "os dois Grandes", os Estados Unidos e a União Soviética não poderiam considerar como definitiva uma repartição, qualquer que fosse ela, de zonas de influência: entre dois pretendentes a império, não existe entendimento, porém rivalidade, conforme é peculiar às coisas humanas. Para explicar essa atitude, não é preciso lhe emprestar uma vontade consciente de hegemonia: é suficiente que cada um suspeite das intenções do outro, que um e outro experimentem, com angústia, as incertezas do futuro e a inevitabilidade de uma unidade mundial que implique o rebaixamento de um ou de outro. A acumulação de meios de destruição multiplica as desconfianças, sabendo cada um dos dois Grandes que o "outro" possuirá, ou já possui, armas de que ele mesmo não dispõe. Apesar disso, os Estados Unidos e a União Soviética não se chocam diretamente. Seus interesses nacionais não se opõem, absolutamente, de uma maneira brutal e irreconciliável. A origem de um conflito não pode, assim, se constituir em uma oposição de interesses comparável, por exemplo, àquela com que se defrontaram a França e a Alemanha, em outros tempos. Essas rivalidades seculares não envolviam o destino de uma província ou a dominação de uma região da Europa. Nos primeiros anos do pós-guerra, a oposição diz respeito a todos os territórios contestados: China, Oriente Médio, Europa, países demasiado fracos para serem capazes de manter sua autonomia, espaços muito importantes do ponto de vista estratégico para que os dois Grandes tolerem sua neutralização, muito ricos em recursos passíveis de serem, um dia, mobilizados, para que eles os abandonassem à sua miséria: a intervenção de cada um dos dois Grandes se justifica pelo temor da intervenção do outro. A partilha do mundo, que alguns se comprazem em conceber, suporia a reconstituição dos equilíbrios parciais e uma repartição aceitável às duas partes, o *no man's land*.

A idéia de uma partilha se choca, por outro lado, com a vocação de universalidade, não de dois países, porém de dois sistemas sociais e ideológicos em choque. Os Estados Unidos não se conformam tão facilmente em não disseminar seus produtos, seus métodos, suas idéias, por todo o planeta. Quanto aos dirigentes soviéticos, enquanto seu pensamento permanecer dominado pela ideologia marxista, não podem deixar de se sentirem ameaçados pelo mundo capitalista. O socialismo em um só país sempre foi considerado como uma etapa. Um marxista não poderia acreditar na permanência dessa coexistência pacífica: o capitalismo, dominado pela incerteza quanto ao seu futuro, tentará esmagar o regime concorrente. Não se trata, assim, apenas do choque entre duas ideologias, mas do choque entre dois sistemas que se consideram, reciprocamente, como inimigos, um choque onde cada um se atribui uma vocação de universalidade.

Porém, essa ausência de paz não é a guerra. A diplomacia total, o rompimento dos equilíbrios parciais, a tendência da humanidade a um império universal, mesmo a partilha da Alemanha e da Europa, excluem a paz tradicional. Não significam, porém, necessariamente a guerra. Na verdade, seria grave o acontecimento que fosse provocado por uma das partes, sem uma consciência exata da significação que a ele seria dada pela outra parte: os Estados Unidos indicaram claramente, e os russos compreenderam claramente que qualquer iniciativa militar além da linha de demarcação constituiria um *casus belli*. A passagem da guerra fria à guerra total implicaria, portanto, uma existência de uma disposição, de uma ou de outra parte, para a guerra: essa disposição não existe, nem em Washington nem em Moscou. Tudo parece provar que em Washington, excluídos alguns indivíduos, o meio dirigente não considera a possibilidade do que alguns chamam guerra preventiva, ainda que a expressão não seja exata.

Um equilíbrio se instala progressivamente: sua precariedade não exclui sua permanência. Os estoques americanos de bombas atômicas são suficientes para inspirar o temor e a prudência nos dirigentes soviéticos. Eles não são suficientes para convencer os dirigentes americanos de que podem impor a sua vontade. Os rivais desafiam-se reciprocamente, porém não escolheram o mesmo terreno, não comparam seu número respectivo de divisões e de esquadrilhas, contrapõem as divisões às bombas atômicas, comparam um conjunto terrestre concentrado a pontos de apoio dispersos pelos continentes. O tradicional conflito entre potência continental e potência marítima, amplificado às dimensões do planeta, toma um aspecto sem precedentes. O sucesso inicial de um ou de outro campo pode quase ser registrado antecipadamente sobre o mapa de operações. Porém, além do fluxo soviético submergindo a Europa Ocidental e das bombas atômicas americanas pulverizando as cidades soviéticas, ninguém pode perscrutar o futuro. Essa incerteza é favorável à manutenção deste equilíbrio que é a guerra fria.

a) A dialética do antagonismo

Totalidade de objetivos, limitação dos meios: estes dois termos da equação político-estratégica não permaneceram, evidentemente, imutáveis em sua forma, porém, constituindo exigências comuns aos dois Grandes, dominaram a primeira parte do pós-guerra. Em virtude de seu monopólio e, depois, devido à sua superioridade em matéria de armamentos nucleares, os Estados Unidos puderam conceber e colocar em prática uma estratégia de dissuasão que alcançou seus objetivos uma vez que, sem renunciar às pretensões universalistas de sua ideologia, a União Soviética foi obrigada a renunciar a qualquer ação suscetível de ser julgada pelos Estados Unidos como afetando sua segurança nacional. Se estava excluída a possibilidade de uma agressão direta contra os Estados Unidos, por razões de ordem técnica, o território europeu, por seu lado, era diretamente vulnerável: a Europa não podia ficar ao abrigo de uma agressão direta, a não ser que os Estados Unidos a inscrevessem em seu próprio "perímetro de segurança" e que os dirigentes soviéticos compreendessem que um ataque sobre a "cortina de ferro", ainda que levado a cabo por meio de recursos limitados, seria considerado, em Washington, como um *casus belli*. Porém, ainda que um conflito militar, mesmo que fossem utilizados meios limitados, trouxesse consigo o risco de uma guerra geral, na qual os Estados Unidos se utilizariam de seu armamento nuclear, o mesmo não era verdade no que dizia respeito a operações de subversão, iniciativas dos partidos comunistas nos países aliados dos Estados Unidos. É então que aparece o segundo fator da dialética do antagonismo — a subversão — face à qual os dispositivos militares permanecem desarmados. É dupla a natureza do papel da subversão nas tensões internacionais. Por um lado, ilustra o encontro do fato nuclear e do fato ideológico. Por outro lado, ilumina a multiplicidade de meios de que se valem os antagonistas — pois se a subversão empreendida pela União Soviética é infinitamente mais intensa e sistemática do que aquela em que podem se engajar os Estados Unidos, estes não podem se abster de sua utilização.

Ao mesmo tempo, os Estados Unidos se esforçavam em persuadir a União Soviética a aceitar o *status quo* como um fato consumado. À dissuasão e à subversão se acrescenta a persuasão, sendo cada um desses três modos de atuação empregados segundo as circunstâncias. A estratégia da dissuasão foi unilateral apenas enquanto a União Soviética não dispôs dos meios para infligir aos Estados Unidos os golpes que estes eram capazes de desferir contra ela. A subversão era, se não de fato, pelo menos em princípio, um método empregado pelos dois campos. Quanto à persuasão, ela só podia ser empregada pelos Estados Unidos, pois a União Soviética não podia pedir aos Estados Unidos que aceitassem o princípio de universalidade a que aspira a ideologia comunista. A irracionalidade da guerra reforçava o papel da subversão, enquanto a persuasão permanecia num único sentido. Em diversos graus, cada um dos três fatores dessa dialética do antagonismo — dissuasão, subversão, persuasão — estavam marcados pela dissimetria. No caso da dissuasão, tratava-se de simples conseqüência do desequilíbrio de forças. No caso da subversão e da persuasão, tratava-se das diferenças entre os dois sistemas intelectuais. Um regime constitucional pluralista pode tolerar a existência de partidos que sejam fiéis a um outro país e a um outro regime. Se, em função de seus princípios, ele tem o direito de não tolerar a conspiração, etapa inicial da rebelião, dificilmente poderá distinguir entre persuasão e subversão, entre propaganda e conspiração. Assim, as democracias ocidentais não impediam que os "nacionalistas estrangeiros" falassem e se organizassem, ao passo que, nos países aos quais estes tinham dado sua adesão, ninguém tinha o direito de defender a causa do Ocidente.

Porém, a despeito da dissimetria, os três fatores do antagonismo se completavam estreitamente. De fato, a estratégia da persuasão, ou seja, o conjunto de técnicas objetivando modificar ou consolidar os sentimentos, as opiniões ou as convicções dos homens, não é senão um dos elementos da estratégia da subversão.

O fato nuclear não dizia respeito às massas humanas, ainda que as reações populares tenham, às vezes, influenciado as decisões políticas. O fato ideológico lhes dizia respeito diretamente, pois elas eram os objetos da subversão. Um novo fator se acrescentava, assim, aos determinantes clássicos da diplomacia, uma vez que se os dois Grandes se encontravam frente a frente, procuravam, também, conquistar para si os favores dos países do Terceiro Mundo, os quais, a despeito de suas aspirações de neutralidade, não podiam deixar de manifestar sua simpatia por um ou por outro dos dois blocos.

b) As tentações nucleares

Desde o verão de 1945, todas as tensões entre o Leste e o Oeste traziam, em segundo plano, o risco de um recurso à arma nuclear, inicialmente, por parte dos Estados Unidos e, a seguir, dos Estados Unidos e da União Soviética. É, porém, apenas em circunstâncias extremamente raras que esse risco assumiu uma amplitude (real ou imaginada) tal que ela tenha suscitado inquietude. Isso se deu na Coréia, na Indochina ou por ocasião da crise provocada pela intervenção franco-britânica no Egito.

Diante da presença dos "voluntários" chineses na Coréia, o presidente Truman deu a entender — em 1º de dezembro de 1950, em uma entrevista mal interpretada — que os Estados Unidos estavam considerando a possibilidade de empregar seu armamento nuclear. Na verdade, a guerra continuou a ser conduzida com as mesmas armas convencionais. Em março de 1954, os dirigentes franceses solicitaram uma intervenção aérea maciça dos Estados Unidos, para salvar os defensores de Dien Bien Phu, e alguns consideraram a possibilidade de uma intervenção nuclear. O não recurso à arma nuclear foi significativo. A guerra fria afirmava a primazia da política. É verdade que o conflito ideológico era total, porém tanto do lado americano como do soviético se manifestava a mesma preocupação no sentido de evitar que se chegasse a extremos ainda que, do lado soviético, esse "extremo" não pudesse ser nuclear. Na Coréia, nunca houve guerra entre a China e os Estados Unidos. Ora, a única maneira segundo a qual se podia conceber o emprego da arma nuclear sob a forma em que ela existia então — a bomba "A" — era a de um ataque dos Estados Unidos contra o "santuário manchuriano", de onde os "voluntários" chineses tiravam o essencial de sua força. Tratava-se, agora, não da utilização de um novo artefato sobre o campo de batalha (o que teria sido o caso de emprego de armas nucleares "táticas", se estas já existissem, na época) e, portanto, da agravação das condições técnicas de um combate que permaneceria essencialmente o mesmo. Tratava-se, isto sim, de uma nova guerra. Teria a China resistido[1]? É pouco provável. Porém, em virtude dessa "solidariedade socialista", que não tinha sido, ainda, abalada pelos choques soviético--chineses e, igualmente, em virtude da significação política e ideológica do conflito, não teria a União Soviética considerado o bombardeio do "santuário manchuriano" como um *casus belli* e não teria ela, então, intervindo? É certo que não podia atacar os Estados Unidos, cujo território era, ainda, invulnerável, mas podia ter enviado um grande número de forças convencionais à Coréia, agravando, assim, para os Estados Unidos, as condições convencionais do combate e precipitando-os, talvez, em

---

1. Não se pôde jamais estabelecer se a China realmente temeu uma intervenção americana. Porém preparou a parcela de suas tropas que se destinavam ao *front* coreano para a eventualidade de uma guerra nuclear. Cf. Herbert Goldhamer, *Communist Reaction in Korea to American Possession of the A-Bomb and Its Significance for U.S. Political and Psychological Warfare* (The Rand Corporation, RM-903, 1º de agosto de 1952), e *Chinese Concern Over the A-Bomb* (The Rand Corporation, RM-987, 7 de novembro de 1952). Os estudos de Goldhamer baseiam-se nos interrogatórios de prisioneiros de guerra chineses e norte-coreanos.

uma nova operação nuclear. Pode, até mesmo, ser que tivesse utilizado alguns dos artefatos nucleares que possuía. Havia, aí, um risco de extensão e de "escalada", se a União Soviética se julgasse atacada diretamente por uma operação nuclear na Manchúria. Os Estados Unidos se abstiveram[2].

O caso da Indochina é sensivelmente diferente. Em primeiro lugar, na primavera de 1945, os Estados Unidos dispunham de artefatos menos potentes do que a bomba "A", e suscetíveis de uma utilização operacional. Mas, teriam elas libertado as tropas francesas? Não parece que isso pudesse, realmente, ter ocorrido. As condições locais do conflito não podiam ser modificadas. Restava a bomba "A". Mas as próprias condições do combate a tornavam inutilizável no cerco de Dien-Bien-Phu. Recolocava-se, assim, o problema do bombardeio do território chinês. Porém, enquanto, na Coréia, os Estados Unidos se encontravam diretamente frente a tropas da China, na Indochina eles não poderiam ter intervindo a não ser alegando a necessidade de ajudar um país aliado, e de auxiliar a vencer um inimigo comum, o comunismo. As condições psicológicas e políticas se apresentavam, assim, a uma luz totalmente diversa. Além disso, em 1954, sua superioridade nuclear sobre a União Soviética tinha diminuído em razão dos progressos desta, e o risco de uma ampliação do conflito tinha aumentado na mesma proporção. Os Estados Unidos recuaram diante desse risco.

As "tentações" nucleares de dezembro de 1950 e da primavera de 1954 proporcionaram uma grande lição: as possibilidades de utilização militar da energia nuclear não tinham permitido apenas acrescentar novos meios téc-

---

2. O risco de extensão não estava ligado apenas à eventualidade de um recurso à arma nuclear. De fato, diversos generais americanos reclamavam a autorização para bombardear os aeródromos da Manchúria, mas teria sido possível aos chineses responder por meio do bombardeamento dos portos da Coréia, ou até pelo bombardeio de certas bases americanas no Japão. Os generais americanos não obtiveram a autorização que reclamavam. Em *Paix et Guerre Entre les Nations* (p. 49), Raymond Aron fornece a seguinte explicação, que esclarece um dos principais aspectos da guerra fria: *"A convenção não escrita dessa guerra limitada comportava o respeito recíproco às 'zonas de refúgio', 'santuários' situados fora do terreno no qual se desenrolava a luta entre as duas Coréias, sustentadas respectivamente pelos chineses e pelos americanos"*.

nicos àqueles já possuídos, tinham criado armas totalmente novas, menos em razão de sua potência de destruição do que devido às condições políticas de sua utilização. Os próprios dados do raciocínio estratégico-diplo-
mático se achavam profundamente afetados.

Os eventos da crise de Suez, no outono de 1956,
não são menos significativos. Os "foguetes soviéticos"
suscitaram reações que, para alguns, chegou à histeria,
quando a União Soviética não pretendia, absolutamente,
utilizar essas armas — reações que ajudam a explicar a
atenuação das reações provocadas pela invasão da Hungria[3].
Com base em diferentes princípios, e com objetivos igualmente diversos, os Estados Unidos e a União Soviética
condenaram a intervenção franço-britânica, porém na
O.N.U. se encontrava em oposição devido à questão
húngara. Se tivessem considerado apenas o aspecto moral
da política soviética na Hungria, os Estados Unidos teriam,
provavelmente, adotado uma atitude mais agressiva, porém
o presidente Eisenhower, preocupado com a idéia de
uma guerra total limitou-se a protestar. É verdade que
os Estados Unidos só poderiam ter intervindo eficazmente
na Hungria transpondo, por meio da utilização de armas
regulares, a linha de demarcação entre as duas Europas,
aceitando, assim, o risco de uma confrontação direta
com a União Soviética. Recusando esse risco, se contentaram com seus votos na O.N.U. e com as transmissões
da "Voz da América" e da "Rádio Europa Livre".

O mesmo não ocorreu, no caso de Suez. Os Estados Unidos agiram contra dois de seus aliados da O.T.A.N.,

---

3. Contrariamente a certos comentários, a União Soviética
não lançou nenhum ultimato às potências ocidentais — mas
era então suficiente falar de "foguetes" para falsear o julgamento.
De fato, a manobra soviética era essencialmente psicológica. Visava,
por um lado, abalar a opinião pública ocidental ao brandir o espec-
tro de uma guerra atômica, por outro lado, tinha a intenção de
mostrar aos povos do Oriente Médio e, através deles, aos povos
do Terceiro Mundo, que a União Soviética não hesitaria em ameaçar recorrer às armas mais potentes para defendê-los contra os
"colonialistas". É significativo, nesse contexto, que tinha se aproveitado da ocasião para tornar maior a dimensão da confrontação:
pela primeira vez, atacou oficialmente a França pela sua política
argelina, enquanto que alguns meses antes, quando essa política
era a mesma, o comunicado final dos encontros Bulganin-Mollet
nada dizia a esse respeito.

a Grã-Bretanha e a França, adotando uma atitude, em verdade, comparável à da União Soviética: os dois Grandes se encontravam unidos contra o risco de uma guerra na qual poderiam ser implicados pela evolução da ação franco--britânica, ação na qual, além disso, não poderiam se tornar "cúmplices" sem, com isso, perder o benefício de sua política nos países do Terceiro Mundo. No outono de 1956, os Estados Unidos tinham perdido o monopólio nuclear, porém a União Soviética não era, ainda, capaz de ameaçar o território americano. Limitadas pela falta de veículos-portadores adequados, as possibilidades nucleares soviéticas impunham apenas que o *Strategic Air Command* protegesse suas bases contra um ataque de surpresa. Foi apenas em agosto de 1957 que Kruschev pôde anunciar que a União Soviética possuía mísseis balísticos capazes de transportar a milhares de quilômetros uma carga nuclear ou termonuclear, e foi no início de outubro desse mesmo ano que o primeiro *Sputnik* foi colocado em órbita. O território americano não era mais invulnerável. Porém, desde um ano antes, os Estados Unidos tinham reagido em função dessa vulnerabilidade, provavelmente por que tinham conhecimento dos progressos soviéticos.

O acordo russo-americano contra a guerra não foi, evidentemente, explícito, mas se impôs às alianças concluídas por um e outro dos dois Grandes, os quais agiram de modo que nenhum de seus aliados tivesse um comportamento perturbador: ele anunciava os acordos russo-americanos contra a proliferação das armas nucleares e a instalação do "telefone vermelho", porém anunciava também as dificuldades, paralelas, em certos aspectos, entre os Estados Unidos e a França, e entre a União Soviética e a China. Sem dúvida, nenhum país podia garantir, por si mesmo, sua defesa, mas não podia, também, por outro lado, depender de uma maneira total de seus aliados: as alianças permaneciam necessárias, mas seu funcionamento se encontrava subordinado às exigências da lógica nuclear, tornando, assim, a oposição comum dos dois Grandes detentores do poder nuclear a tudo que pudesse provocar um conflito geral, um fator decisivo da dialética de seu antagonismo. Em Hiroshima e Nagasaki foi feita a experiência militar da arma nuclear, em Suez, foi feita a experiência política.

c) O impacto nuclear sobre o pensamento soviético

Um dos principais perigos da guerra fria dizia respeito ao fato de que cada um dos dois Grandes nunca estava seguro da significação que o outro daria a seus atos. Isso era ainda mais perigoso, na medida em que Stalin não tinha compreendido o que representava a arma nuclear: as novas armas não eram, para ele, mais que instrumentos aperfeiçoados e mais potentes do que os utilizados durante a guerra. Até a sua morte, se comportou como se a destruição de Hiroshima e de Nagasaki devesse ser colocada no mesmo plano, quanto à lógica de explicação e de significação, que o da destruição das cidades alemãs durante a guerra. A esse raciocínio que se desenvolvia em função de considerações estritamente quantitativas se acrescentava uma fé profunda no valor dos *partisans*. Estes se inseriam, assim, numa lógica de dois termos, enquanto o pensamento militar soviético, esterilizado pelo stalinismo, se cristalizava, por um lado, sobre os famosos "*orgues* * de Stalin" e, por outro lado, sobre os *partisans*, a cuja ação Stalin tinha, em outras ocasiões, dedicado diversos escritos. É somente a partir de 1956-1957 e, portanto, cerca de três a quatro anos após a morte de Stalin, que se produziu uma evolução conceitual cujas conseqüências se traduziram em termos políticos e militares em 1960-1961, e em 1963, no livro *Estratégia Militar*, editado pelo Marechal Sokolovski.

Uma vez que a "estratégia total" do Kremlin tem por objetivo final a vitória do comunismo em escala mundial, utilizando todos os meios, com exceção do recurso à força, o papel das estratégias militares é o de impedir uma agressão eventual do adversário capitalista, ao mesmo tempo em que faz participar, especialmente no domínio psicológico, as forças armadas soviéticas contra o mundo não comunista. Essa noção de "estratégia total" é bem anterior a 1945. Desde 1918-1920, os dirigentes bolcheviques tiveram que conciliar sua estratégia política com a estratégia militar de certos oficiais formados nas disciplinas clássicas que tinham, porém, aderido ao novo regime. Por um lado, adotaram o vocabulário militar,

---

* *Orgue*: Arma soviética empregada na Segunda Guerra Mundial, capaz de lançar simultaneamente diversos protéteis autopropulsores. (N. do T.)

por outro, visaram a um método de abordagem estratégica sistemática, articulando todos os problemas políticos, bem como econômicos. Até 1929, durante a atuação de Lenin, os conceitos estratégicos soviéticos foram os da "dissuasão e persuasão revolucionárias". Porém os reveses sofridos nos países coloniais ou semicoloniais e, ainda, a adoção do princípio da "construção do socialismo num só país" conduziram a uma concepção diferente. Durante o período de 1930-1941 — primeira parte do reinado de Stalin — a idéia-força associa a "dissuasão clássica" à "persuasão revolucionária". A facilidade com que, em junho de 1941, o exército alemão penetrou quase até o coração da Rússia, e a acolhida que lhe deu a população de algumas regiões, demonstraram a fragilidade dessa idéia. Desde Yalta até a morte de Stalin reinou a fórmula: "dissuasão e persuasão clássico-revolucionárias". Depois, veio a era nuclear, que conduziria, em questões estratégicas, à doutrina "dissuasão e persuasão atômico-revolucionárias", ou seja, a uma concepção que combina o átomo e a subversão.

Considerando que os partidos comunistas da Europa podiam tomar o poder, Stalin acentuou seus esforços na direção do Atlântico e lembrou cinco fatores permanentes de sua estratégia: — segurança das retaguardas; — moral da população e das tropas; — número e valor das grandes unidades; — material;— capacidade de adaptação dos quadros. Porém negava qualquer caráter decisivo ao fator surpresa, sendo ele mesmo surpreendido em junho de 1941. Quanto às armas nucleares americanas, apenas foram mencionadas nas análises do fim da guerra, sendo a ação do Exército Vermelho apresentada como a causa quase única da derrota do III Reich. Depois, em 1949, os soviéticos conseguiram realizar sua primeira explosão nuclear. Conscientes de sua inferioridade diante da presença norte-americana e avaliando com bastante precisão a disposição para a defesa coletiva, traduzida pelo Tratado de Washington de 4 de abril de 1949, multiplicaram as "ofensivas de paz"[4] e seus esforços contra a organização da

---

4. A mais significativa dessas campanhas foi conduzida pelo Movimento da Paz — os partidários da União Soviética se arrogavam a exclusiva pela paz — nascido do Congresso Mundial dos Combatentes da Paz, realizado em Paris de 20 a 26 de abril de 1949 sob a presidência de Frédéric Joliot-Curie.

O.T.A.N. Sua estratégia não podia evoluir, na medida em que não dispunham de um arsenal nuclear. Restava-lhes a teoria da resposta imediata, sem poder contar com os resultados imediatos da ação empreendida pelos partidos comunistas na Europa Ocidental.

Uma nova tendência não se manifestou senão após 1953, ou seja, após a explosão da primeira bomba termonuclear. Muito rapidamente, Kruschev se esforçou para levar o esforço revolucionário aos países do Terceiro Mundo e para pôr em prática uma "estratégia indireta", visando essencialmente sabotar a O.T.A.N. Quanto à adaptação da estratégia militar, ela se realizou em três fases:

— De 1953 a 1957 insistiu-se sobre a mobilidade e a potência de fogo das tropas de combate, acelerando-se a motorização das forças terrestres e procedendo à redução de efetivos. Era, com vinte anos de atraso, o programa de Tukachevski, porém um novo elemento entrava em cena: a aviação estratégica estava encarregada da resposta nuclear.

— Em janeiro de 1960, fortalecido pelos sucessos alcançados no domínio espacial e persuadido do sucesso da Conferência de Cúpula que iria ter lugar em Paris, Kruschev anunciou importantes reduções de efetivos, a substituição de aviões pilotados por foguetes e a desativação próxima da frota de superfície em benefício da frota submarina.

— O revés da Conferência de Paris, as indefinições do estado-maior quanto à redução dos efetivos e a renúncia a certos meios clássicos abriram a terceira fase. Isso se deu no verão de 1961, quando a União Soviética provocou um novo "incidente de Berlim". Reconheceu-se, então, que as tropas de combate, a aviação pilotada e a frota de superfície tinham, ainda, um papel a desempenhar. Data dessa época o reforço do Pacto de Varsóvia e o das forças armadas dos satélites.

Em 1962 foi publicado *A estratégia militar*. Este livro registrou oito postulados.

— O desencadeamento de uma guerra contra a União Soviética ou contra um outro Estado "socialista" se ampliaria até constituir um conflito mundial.

— Esse conflito seria um choque entre dois sistemas sociais antagonistas e terminaria pela vitória do comunismo.

— Os foguetes portadores de ogivas termonucleares desempenhariam um papel preponderante, sendo que os outros tipos de forças interviriam apenas a título de complementação.

— A condução da guerra visaria essencialmente a desferir golpes termonucleares maciços com a finalidade de destruir os recursos nucleares do adversário e de aniquilar seus centros vitais, o que implica o fato de que o centro de batalha se deslocaria para as profundezas do dispositivo do adversário.

— Uma vez que os armamentos modernos permitem resultados bastante importantes em intervalos de tempo bastante restritos, a fase inicial do conflito será decisiva.

— Uma economia capaz de desenvolver ao máximo o poder de suas forças armadas pode torná-las capaz de aniquilar o agressor durante a fase inicial do conflito.

Nesses oito postulados comparecem todos os elementos da dissuasão e da persuasão "atômico-revolucionárias". O "tudo ou nada" da dissuasão é reforçado pela ameaça de um recurso a um "ataque por antecipação", sendo o adversário prevenido, além disso, de que "o papel das populações terá uma importância acrescida", o que dá a entender que serão empreendidas operações de subversão, talvez de guerrilhas, nas zonas não destruídas pelos primeiros ataques nucleares.

Nesse conjunto de postulados aparecem diversas contradições: enquanto se afirma que uma guerra nuclear será bastante curta, o Marechal Sokolovski e seus colaboradores consideram a hipótese de uma guerra nuclear longa; enquanto o armamento nuclear condena os grandes agrupamentos de homens e de equipamentos, em virtude de sua vulnerabilidade a um único artefato, os teóricos soviéticos evocam o papel dos exércitos de massas, etc. Na verdade, após terem imaginado a fase inicial de um conflito nuclear, segundo as exigências da lógica nuclear, os teóricos soviéticos tiveram que imaginar as fases ulteriores desse conflito deixando de lado as próprias exigências. Não podiam deixar de supor que a União Soviética poderia sucumbir como resultado do choque nuclear e iriam fazer intervir no cenário as forças cujos papéis militar e político tinham até então exaltado. Tendo o 20º Congresso do Partido Comunista admitido que a guerra não era mais inevitável, tinham que definir uma estratégia de dissuasão que justificasse essa reviravolta ideológica, complementando-a por uma ação constante de persuasão que utilizasse todos os argumentos pacifistas capazes de sensibilizar as opiniões dos ocidentais e as do Terceiro Mundo (apelos em favor do desarmamento, propostas de realização de conferências de cúpula, etc.). Em outras palavras, o poder nuclear dos Estados Unidos e a organização da O.T.A.N. tinham obrigado a União Soviética a adotar uma estratégia indireta, que não fazia outra coisa senão exprimir a inserção da estratégia total tradicional nas exigências da lógica nuclear.

d) Duas crises típicas: Berlim, o U-2

Nessa confrontação que opunha dois antagonistas que tinham se tornado, ambos, temerosos de ultrapassar um certo limite quanto ao emprego da violência, cada crise suscitava inquietações pois, pelo agravamento das situações provocadas pelo simples encadeamento das circunstâncias, cada uma dessas crises tornava real o perigo de dar a um ou a outro dos dois Grandes a impressão, verdadeira ou falsa, de que o outro buscava modificar o equilíbrio das forças em seu proveito. Houve duas crises que ilustram com clareza as tentações da violência e a intervenção da razão, dois motores do comportamento diplomático: a crise de Berlim em fins de 1958 e o incidente do avião-espião *U-2*, na primavera de 1960.

Em 10 de novembro de 1958, Kruschev colocou em questão o estatuto de Berlim. Com efeito, declarou que ao rearmar a República Federal os ocidentais tinham violado os acordos de Potsdam e que, nessas condições, a União Soviética considerava a eventualidade de denunciar a única cláusula desses acordos que ainda respeitava, aquela que se referia ao estatuto quadripartite de Berlim. Essa afirmação não se baseava em nenhuma base jurídica, uma vez que os acordos de Potsdam de 2 de agosto de 1945 nada diziam a respeito do estatuto de Berlim, o qual tinha sido fixado por outros acordos, em setembro de 1944, em 5 de junho de 1945 e em 21 de junho de 1949, sendo este último o que pôs fim ao bloqueio da ex-capital. Havia, nesse caso, uma distorção entre as referências jurídicas e as intenções políticas: os "3" ocidentais não se referiam aos acordos de Potsdam, mas somente àqueles que tinham regulamentado a questão de Berlim; a União Soviética não se referia a estes últimos, mas aos de Potsdam. Os ocidentais tinham afirmado sempre que considerariam um ataque a "seus" setores de Berlim como um ataque a si mesmos, e duvidava-se que o governo soviético desejasse experimentar realizar tal prova de força. Porém, além disso, se recusavam a reconhecer oficialmente a existência da República Federal Alemã. Kruschev desejava obrigá-los a renunciar a essa posição com relação à R.D.A. Em 13 de dezembro, às vésperas da sessão ministerial do Conselho Atlântico, se levantou contra o reforço da O.T.A.N., propôs um pacto de não-agressão entre a O.T.A.N. e o Pacto de Varsóvia, um acordo para a criação de uma zona "desnuclearizada" no centro da Europa e, por último, um acordo sobre a redução de tropas estrangeiras estacionadas nos territórios dos países membros da O.T.A.N. e do Pacto de Varsóvia — acordos que teriam implicado a retirada dos Estados Unidos da Europa e, portanto, acarretariam a criação de uma situação bem parecida à dos anos 1945-1949. Os membros da O.T.A.N. colocaram a questão no plano do direito e deram a entender que não recuariam dessa posição, se necessário fosse, mediante o emprego da força. Kruschev recuou: compreendeu que para modificar o *status quo* na Europa teria que assumir o risco de uma guerra com os Estados Unidos. O terreno fora, entretanto, bem escolhido. Nenhum interesse vital dos dois países parecia em jogo. Enquanto a União Soviética não tinha que realizar nenhum esforço para se apoderar desse objetivo disputado, os Estados Unidos, para o defender, deviam assumir riscos muito graves e se engajar rumo à "escalada", a partir de uma reivindicação aparentemente abstrata: algumas linhas que definiam um estatuto jurídico. Tudo foi mobilizado no sentido de conseguir dobrar a determinação ocidental, na esperança de distender os laços entre a República Federal e os Estados Unidos. Essa aposta, onde o que estava realmente em jogo nunca foi revelado, foi perdida por Kruschev. Este tinha acenado com a ameaça da arma nuclear, porém a força defensiva desta arma nuclear se mostrou superior à sua força ofensiva. Essa confrontação direta na Europa não se repetiu mais.

Em 5 de maio de 1960, perante o Soviet Supremo, Kruschev anunciou que um avião americano que tinha violado as fronteiras da União Soviética fora derrubado, a 1º de maio, por um míssil antiaéreo. O governo americano teve que reconhecer que esse avião realizava uma missão de reconhecimento, fórmula mais diplomática do que "espionagem", e o Secretário de Estado, Herter e, depois, o próprio presidente Eisenhower justificaram essas operações pela necessidade de se prevenir contra o risco de um ataque-surpresa. Nem por isso, Kruschev ficou menos resolvido a participar da conferência de cúpula que iria ter lugar em Paris, no dia 16. Porém, no dia 17, rompeu com as discussões, a pretexto do incidente do *U-2*. Na verdade, com a certeza de não ser bem sucedido com respeito à questão de Berlim, preferiu tomar a iniciativa, e é bastante verossímil que tenha tomado essa decisão antes mesmo de ter deixado Moscou, com destino a Paris. Renovou suas ameaças, porém sem se fixar prazos para o que chamava "o acerto da questão de Berlim": era um recuo. Na primavera de 1960, americanos e russos se preparavam para operações espaciais que, realizadas no verão daquele mesmo ano, deviam fazê-los alcançar progressos substanciais. Além disso, a eleição presidencial norte-americana iria ser realizada em 8 de novembro e os dois Grandes pareciam se orientar no sentido da aceitação mútua de suas posições adquiridas. Apesar disso, Kennedy e Kruschev tinham concepções bastante diversas do *status quo*. Para o primeiro, o *status quo* era a manutenção do equilíbrio de forças tal qual ele existia. Não que quisesse congelar o mundo em seu modelo social, porém esperava que as mudanças necessárias se fariam sem que ocorresse transferência de poder de um bloco para outro e, em conseqüência, sem que nenhum dos dois campos se sentisse ameaçado e obrigado a resistir pela força. Para Krushev, ao contrário, o *status quo* era o progresso da revolução comunista no mundo, e a concepção americana lhe parecia não como uma tentativa de manutenção, mas de alteração do *status quo*, como um ataque contra o processo revolucionário em si, conceito enraizado na análise leninista: os democratas não tinham o direito de intervir no mundo comunista (isso teria sido uma manifestação do "imperialismo" e significaria que os Estados Unidos estariam se imiscuindo nos negócios interiores de "Estados pacíficos"), mas os comunistas tinham o direito de intervir no mundo democrático, em nome do valor intrínseco do processo revolucionário. Colocado em termos ideológicos, o problema permanecia insolúvel. Ele devia ser colocado em termos de força, e a consciência do risco impunha o não recurso à força: em outras épocas, a guerra teria eclodido, porém, nesses casos, houve apenas "crises".

CAPÍTULO IV
A Caminho da Coexistência Pacífica

A União Soviética explodiu sua primeira bomba de fissão em 29 de agosto de 1949, procedeu à sua segunda experiência em 3 de outubro de 1951 e fez explodir sua primeira bomba de fusão em 12 de agosto de 1953. Essas três datas são capitais no que se refere à cronologia científica, porém se se considerar que depois do início da guerra fria as relações entre os Estados Unidos e a União Soviética foram presididas por fatores de força militar, não podemos nos contentar com essas três datas para explicar a evolução das relações entre os dois Grandes. Essa evolução foi uma função das possibilidades operacionais dos artefatos nucleares. Trata-se, então, de saber a partir de que momento os resultados dessas experiências encontraram expressão concreta no arsenal eventualmente utilizável. É este hiato entre o nível experimental e o nível operacional de uma arma que explica a irracionalidade das "tentações" nucleares na Coréia, na Indochina, em Suez — irracionalidade técnica e incredibilidade política. A racionalidade e a credibilidade são produtos da miniaturização dos artefatos.

a) O equilíbrio do terror

No período imediato após a Segunda Guerra Mundial, os especialistas tentaram determinar quais eram as mudanças capazes de ocorrer, ao longo de um certo período, no poder de destruição das bombas, nos meios pelos quais podiam ser transportadas, na defesa ativa contra aviões ou mísseis, nas medidas de defesa passiva que podiam pretender alguma eficácia ou pelo menos dar a ilusão de tal eficácia. A partir desse momento, discutiu-se a possibilidade de uma "superbomba", utilizando uma reação nuclear que se valesse do hidrogênio ou do lítio, e desencadeada pela explosão de uma bomba de urânio ou de plutônio. Apesar disso, tinha-se em conta o fato de que as bombas do tipo das lançadas contra Hiroshima e Nagasaki possuíam já uma potência supérflua, se tivessem que ser utilizadas contra objetivos dispersos e de pequeno porte, fábricas isoladas ou contra uma grande embarcação, por exemplo. Estava-se convencido de que seria possível obter vantagens militares substanciais se se pudesse construir bombas nucleares com um peso total menos elevado e contendo menos matéria físsil: uma bomba menor e mais ágil poderia ser transportada por um avião menor e mais rápido, e a redução da matéria físsil permitiria construir um maior número de bombas, intrinsecamente menos potentes, porém mais facilmente utilizáveis uma vez que poderiam ser mais facilmente transportadas e capazes de uma utilização mais variada. O principal obstáculo dizia respeito à "dimensão crítica", abaixo da qual a reação em cadeia não se produziria.

No início, a bomba atômica era considerada como uma arma destinada a objetivos muito vastos e eram vistas como uma arma de destruição maciça, o que, por outro lado, ela realmente era. Essa opinião era tão mais sólida, que o esforço dos técnicos visava a um aumento da potência. As experiências realizadas no atol de Bikini dão uma medida desse esforço. Em 1944, os aviões da R.A.F. tinham lançado pela primeira vez bombas gigantes dotadas de grande poder de deslocamento, as "Volcano", que pesavam 10 toneladas e continham, cada uma, 6 toneladas de TNT. Menos de um ano mais tarde, o primeiro projétil atômico equivalia a 15 000 toneladas de TNT. Três dias após Hiroshima, Nagasaki era destruída por uma bomba atômica cujo poder equivalia 20 000 toneladas de TNT. Em maio de 1948, em Eniwetok, o artefato foi 6 vezes mais potente que o de Nagasaki. Após este, veio a "bomba H"... Em dez anos, a potência de destruição de um só artefato tinha sido multiplicada por 3 000, multiplicada, em seguida, por 750 e, no total, por mais de 2 milhões. Ao mesmo tempo, o raio de destruição (limitado, aqui, apenas aos efeitos de deslocamento) tinha sido aumentado de 120 metros para 2 200 metros e, a seguir, para 25 quilômetros. As superfícies vulneráveis correspondentes passaram de alguns hectômetros quadrados, à época do TNT, a 25 quilômetros quadrados com a introdução do projétil de fissão e a 1 500 quilômetros quadrados com o projétil de fusão. Porém essa ascensão na escala de potência representa apenas um dos aspectos do esforço dos cientistas e dos engenheiros. Muito rapidamente, estes se esforçaram em construir artefatos menos potentes, esforços para descer na escala de potência.

Em 28 de outubro de 1951, foi detonada a primeira bomba americana de baixa potência, que foi considerada desde então como suscetível de uma utilização tática. Em 2 de junho de 1957, a carga equivalia a 4 quilotons, em 5 de junho, tinha sido reduzida a pouco mais de um quiloton. Em setembro e outubro de 1958, as cargas foram reduzidas a um cinqüenta avos de tonelada: quanto ao seu raio de destruição, esses explosivos eram vizinhos das grandes bombas de TNT de 1944-1945. Mas em 25 de maio de 1953, a imprensa americana anunciou o primeiro disparo de um ôbus atômico. A partir desse momento, muitas conseqüências tiveram lugar.

— As condições de utilização dos aviões tinham-se modificado, uma vez que a redução do peso dos projéteis permitia um aumento do volume de combustível, donde maior autonomia de vôo.

— Uma solução de continuidade tinha sido eliminada, aquela que até então tinha caracterizado a curva de evolução representativa das potências unitárias de destruição. A miniaturização dos artefatos suprimia o hiato entre as armas não-nucleares e as armas nucleares. Antes da miniaturização não era possível se passar gradualmente dos artefatos não-nucleares aos artefatos nucleares. Depois da miniaturização, essa passagem é possível, e todo recurso à força, por parte de uma potência nuclear contra outra potência (nuclear ou não), traz em si, teoricamente, pelo menos, a amplificação do conflito até sua nuclearização total, até a ascensão ao extremo, mediante o "jogo" que os americanos chamaram "a escalada".

— Tinha sido estabelecida uma continuidade entre a menor das armas (por exemplo, a granada de mão) e a mais potente das armas (a bomba termonuclear). Permanecem apenas, para estabelecer a distinção, os fatores psicológicos, fato esse que faz crescer consideravelmente o peso das considerações políticas. Essas transformações fundamentais da estratégia estavam sendo objeto de estudo quando, em 4 de outubro de 1957, a União Soviética conseguiu realizar o lançamento do primeiro satélite artificial: o *Sputnik*. No momento em que os especialistas se interrogavam sobre as conseqüências estratégico-políticas da miniaturização dos artefatos nucleares, esse satélite artificial era considerado como capaz de transportar, eventualmente, armas nucleares, não táticas, porém estratégicas. A contradição era tanto mais evidente quanto o próprio fato de que na própria ocasião em que ela lançava esse satélite artificial que, entre outras utilizações, podia preparar o transporte intersideral de uma "bomba H", a União Soviética realizava esforços no sentido de realizar, também ela, a miniaturização dos artefatos nucleares. O *Sputnik* introduzia um elemento novo na estratégia nuclear, uma vez que anunciava novos meios de transporte das armas nucleares estratégicas. Ele reatualizava os riscos, ou mais exatamente, a possibilidade técnica de uma guerra total. Os Estados Unidos não poderiam permanecer inativos: eles, também, construíram seus satélites artificiais. Desde então, os dois Grandes passaram a possuir arsenais aproximadamente equivalentes quanto à potência dos artefatos e quanto à sua diversificação. Cada um tinha a possibilidade de destruir o outro, porém sabia que não poderia evitar sua própria destruição. É este estado de vulnerabilidade mútua que foi chamado "equilíbrio do terror".

b) A confrontação de Cuba

Nós nos perguntamos, na ocasião, e nos perguntamos, ainda hoje, como é que os russos, que pensam, agem e antecipam como jogadores de xadrez, puderam, no outono de 1962, se comportar como jogadores de pôquer. Porém está em outro lugar a verdadeira significação dessa crise. Como Stalin já tinha feito, Kruschev decidiu ocupar em Cuba o lugar que os Estados Unidos tinham ocupado anteriormente. Porém, a analogia termina aí, por três razões. Para começar, Kruschev estava muito detalhadamente a par da situação que prevalecia nos Estados Unidos, ao passo que Stalin, sufocado por relatórios complacentes, cometia erros de cálculo, como o comprovam as crises da Grécia, de Berlim e da Coréia. Em segundo lugar, ele percebeu que a firmeza americana poderia obrigá-lo, seja a arriscar uma guerra mundial por causa de Cuba, seja a permitir a liquidação de Castro. Ora, a ilha, ainda que continuasse sendo uma plataforma ideológica considerável, não estava na zona de influência soviética tradicional — contrariamente ao que era o caso da Hungria ou da R.D.A. Um compromisso era, então, aceitável: oferecia, por outro lado, a única possibilidade de sobrevivência de Castro. Enfim, a crise de Cuba revelou que a liberdade de ação dos dirigentes soviéticos era limitada. O povo sentia ainda em sua própria carne os 25 milhões de mortos da guerra. Sob Stalin, essa reação popular pouco contava. Depois da desestalinização, o partido não podia ignorá-la e Kruschev não podia arriscar-se a uma guerra por uma causa menor. Stalin e Molotov teriam feito a guerra por Cuba, Kruschev não a fez, aceitando desmantelar as bases que tinha instalado em Cuba.

Todo deslocamento de armas nucleares da União Soviética fora de suas fronteiras é considerado como um ato ofensivo pelos Estados Unidos, sendo os cruzeiros de submarinos nucleares equipados com foguetes "Polaris", considerados como estritamente defensivos. As noções de ofensivo e de defensivo assumem, assim, uma nova significação. Para os Estados Unidos, a defesa se identifica à dissuasão, a qual implica na implementação de meios capazes de materializar as ameaças de ação, caso necessário. Além do mais, os dois protagonistas estão de acordo quanto ao fato de que chegaram a um compromisso, porém não estão de acordo, apesar desse fato, sobre a descrição da crise, nem sobre a do *status quo ante*, e muito menos sobre a interpretação das atitudes tomadas no curso da ação. Não há dúvida de que a observância mútua da grande regra da era nuclear, que é de evitar a escalada até o conflito nuclear, é suficiente para que a idéia de compromisso seja, antes de mais nada, destinada ao uso interno, no seio de cada campo. O compromisso em uma crise que implique imediatamente em riscos nucleares é sobretudo um compromisso, por um lado, entre os americanos e, por outro, entre os soviéticos, entre as tendências que se agitam em torno do personagem responsável pela decisão última.

Por último, Washington desejava a retirada dos bombardeiros soviéticos, menos por razões militares do que para ver consagrada pelo Kremlin sua pretensão de determinar o nível tolerável de armamentos cubanos. Os russos não demonstraram nenhum entusiasmo pela retirada. Castro se opôs, mas os russos tiveram que ceder. Por seu lado, Kennedy evitou não lhe proporcionar uma saída honrosa. O fator psicológico recuperava toda a sua importância.

A ameaça de defender Cuba, diversas vezes proferida por Kruschev, mesmo ao preço de uma guerra termonuclear, não era plausível, por três motivos: a distância de Cuba do território soviético, a pouca importância do objetivo e a inferioridade global da União Soviética. Sem dúvida, os Estados Unidos teriam sido capazes de infligir mais danos à União Soviética do que eles mesmos poderiam ter sofrido, porém os danos teriam sido tais que a vontade de evitar a "escalada" até o extremo dominava em Washington e em Moscou. Assim como o valor do objetivo em questão se achava relativizado pela União Soviética, ainda que por razões geográficas, ela continuava primordial para os Estados Unidos. Enfim, se os Estados Unidos tivessem podido alcançar seus objetivos mediante o emprego de armas convencionais, a União Soviética teria sido obrigada a tomar a iniciativa do recurso às armas nucleares ou agir com armas convencionais em um terreno mais favorável. Onde? Tomados de surpresa pela declaração de Kennedy, incapazes de improvisar uma resposta, os soviéticos tiveram que se sujeitar à crise que eles tinham provocado e tentar se desembaraçar dela da melhor forma possível. Os dois "K" reagiram em função não só das armas que possuíam, mas também da idéia que faziam um do outro. Kruschev sabia que Kennedy não recuaria; Kennedy sabia que Kruschev não se mostraria obstinado. Engajados numa partida de pôquer, o jogador de xadrez recuou. Alguns se perguntaram se não seria para se colocar em uma posição melhor para desferir um ataque sobre outro ponto. A lógica nuclear contradisse essa hipótese.

O mundo tinha entrado em uma nova era. Entre os dois blocos reinava, malgrado a aparição de novos pólos, uma paz incerta baseada na ameaça permanente do emprego da força. O equilíbrio militar entre os dois blocos, que a carta da O.N.U. não previa e ao qual o recurso ao artigo 51 (direito de legítima defesa coletiva) confere legalidade, era admitido em Washington e em Moscou como um dado permanente nas relações internacionais. Daí resultava que, sendo a confrontação direta, se não impossível, pelo menos pouco verossímil e pouco provável, uma nova forma de ação podia se desenvolver nas zonas marginais, a subversão, também não prevista pela carta das Nações Unidas e que, ao complementar a dissuasão nuclear, tornou-se também um dado permanente das relações internacionais. A violação de fronteiras pelos exércitos é condenada, sua violação pelos guerrilheiros não o pode ser — na mesma medida, aliás, que o sobrevôo dos territórios nacionais pelos satélites artificiais.

c) A crise das alianças

Nascida de um antagonismo fundamental entre os Estados Unidos e a União Soviética, a guerra fria levou um e outro dos dois Grandes a buscar aliados e ainda que os processos de cristalização do bloco soviético e da aliança atlântica ou, ainda, os objetivos dos dois conjuntos, fossem bem diferentes, eles, ainda assim, estabeleciam a divisão do mundo em duas famílias hostis. Sem dúvida, alguns países pregavam o não envolvimento, mas exatamente porque desejavam permanecer neutros, se tornavam objeto da rivalidade dos dois Grandes, que se esforçavam em atraí-los para si por meio do estabelecimento de laços, se não militares, pelo menos econômicos, a curto prazo, e políticos, a longo prazo. Quanto mais se reforçava a paridade nuclear russo-americana, mais determinados países se tornavam reticentes diante das exigências da aliança à qual eles pertenciam. Sem dúvida, não podemos julgar segundo os mesmos critérios as diferenças franco-americanas e o conflito russo-chinês, porém esses dois exemplos ilustram um dos grandes eventos da última fase da guerra fria: o rompimento das alianças.

Foi em nome dos imperativos de independência nacional que de Gaulle recusou o princípio de integração que devia presidir a organização das forças da O.T.A.N., e foi com a esperança de desempenhar um papel mundial que quis colocar a França fora de uma aliança que lhe parecia ser um sistema de dependências. Uma vez que a independência nacional postulava uma defesa também nacional, de Gaulle podia apenas retomar por sua conta e amplificar os programas que, elaborados durante a IV República, visavam dotar a França de uma força nuclear. Dentro da perspectiva estritamente nacional de de Gaulle estava excluída a hipótese de que essa força nuclear fosse colocada, diretamente ou indiretamente, sob uma autoridade coletiva. Mas, dessa forma, ele se comportava, teoricamente, como um fator de perturbação em potencial, uma vez que qualquer força nuclear que pretendesse uma autonomia de decisões poderia romper com o jogo da bipolaridade. Em virtude de motivos técnicos e políticos, não sendo a força nuclear britânica mais do que um apêndice da força americana, a força nuclear francesa foi o primeiro fator de uma nova forma de dissuasão, a dissuasão multilateral, a intrusão de um terceiro parceiro em um equilíbrio até então bipolar, o que trouxe três conseqüências principais: — os interesses vitais do terceiro partido tornam-se diretamente solidários àqueles do mais poderoso de seus aliados; — o adversário, não podendo ignorar o fato, não pode mais cometer um erro de apreciação, nem sobre a solidariedade que liga os aliados entre si, nem sobre a importância de zonas que possam ser marginais para o aliado principal, porém vitais para o terceiro parceiro; — em caso de crise, a existência do terceiro parceiro permite a seu aliado mais poderoso intervir apenas em segunda posição. Era, então, o conjunto do jogo estratégico que se achava colocado em questão, ao mesmo tempo que a significação da Europa Ocidental para os Estados Unidos que, menos que em qualquer outra circunstância no passado, a despeito de certas aparências, podia se fechar em um neo-isolacionismo.

Na verdade, os Estados Unidos não podiam sequer confiar inteiramente em suas alianças, embora necessitassem delas. É a recusa da subordinação por parte dos Estados protegidos e não o enfraquecimento da proteção oferecida pelos Estados Unidos que ameaçava as alianças, quando o estabelecimento de uma paridade russo--americana anunciava a atenuação das tensões da guerra fria. O Grande não se recusava a correr os riscos no sentido de proteger os interesses externos a seu próprio território, porém não consentia em ser exposto às réplicas suscitadas por iniciativas de seus aliados: aspirava, portanto, ao monopólio do comando operacional. Não subscreveria uma aliança cuja finalidade fosse a de dissuadir a agressão por meio da ameaça de réplica nuclear, a não ser sob a condição de conservar para si a direção da estratégia e, de uma certa forma, respondia à objeção daqueles que insistiam em que teria havido um enfraquecimento da dissuasão em resultado da vulnerabilidade do território americano: a integração consagrava a unidade da coalizão, mas, também, a perda, no plano militar, da independência de Estados teoricamente soberanos.

A irracionalidade, donde a não-credibilidade de represálias "totais" contra uma agressão limitada, teria, necessariamente, que suscitar um mal-estar na Europa Ocidental, e quaisquer que possam ter sido as causas especificamente "gaullistas" da política externa francesa a partir de 1958, ésta ilustrou, mais do que provocou, a crise da aliança atlântica. Esta crise estava inscrita na lógica das tensões desde o momento em que os Estados Unidos não gozavam mais de uma superioridade nuclear absoluta sobre a União Soviética, desde o momento em que a racionalidade, e portanto a credibilidade, das ameaças de represália e de represálias eventuais se situava ao nível da proporcionalidade entre a agressão e a resposta. Uma vez que, a partir desse momento, os dois Grandes estavam unidos por um interesse comum que, nos momentos de crise, se mostrava superior às solidariedades de cada uma das alianças.

A desagregação do bloco comunista (pois não se tratou de uma simples distensão dos laços de aliança) não teve exatamente a mesma causa, uma vez que ela foi anterior à entrada da China no clube nuclear, tendo a primeira experiência nuclear chinesa ocorrido em 16 de outubro de 1964. "Nós nos encontramos diante de uma nova situação histórica", declarou Kruschev por ocasião do XX Congresso do P.C.U.S. "Os tempos mudaram, isto exige de nós, comunistas, uma atitude realista", disse ele em outubro de 1959, diante do Soviet Supremo. Ele pôde se orgulhar de ter feito o mundo ocidental reconhecer a União Soviética como uma das duas grandes potências mundiais, e prometeu ao povo soviético progressos consideráveis se a paz pudesse ser mantida. Tinha se estabelecido um equilíbrio que não iria ser rompido pela guerra. Em 17 de janeiro de 1959, tinha feito a seguinte advertência aos chineses:

Não é necessário pôr à prova, pela força, a estabilidade do mundo capitalista.

A lógica nuclear tinha estimulado o aparecimento de um novo comportamento. Ora, a China só podia ver na coexistência pacífica um freio às suas ambições, coexistência que, ademais, ela condenava por razões ideológicas. A partir desse momento, os chineses não hesitaram em lembrar que a edificação da China Popular enquanto Estado não devia nada, ou quase nada, à União Soviética, e rejeitaram a legitimidade dos tratados impostos pela Rússia tzarista no século XIX. O conflito dos dois Estados se somou, a partir desse momento, ao conflito das duas ideologias. Às causas puramente nacionais levantadas pelas diferenças relativas aos territórios contestados, às divergências entre pontos de vista doutrinários, somou-se um outro fator: a União Soviética recusou-se comunicar à China o segredo da bomba atômica. As três séries de causas conjugaram seus efeitos, criando uma tensão que não tardou a se tornar um dos mais sérios problemas do equilíbrio mundial, a tal ponto que as experiências nucleares chinesas foram consideradas como sendo desafios lançados por Pequim contra Moscou. Podemos considerar que a verdadeira origem da tensão sino-soviética se situa no significado dos encontros Kruschev-Eisenhower, quando da viagem do primeiro aos Estados Unidos. Diante dos perigos de guerra, decorrentes do desenvolvimento dos arsenais nucleares, Moscou preferiu um acordo com Washington a um acordo com Pequim — reencontrando-se, assim, os modos de pensar soviético e americano: mais vale se entender com o "outro" do que dar satisfação a aliados, que arriscam perturbar o equilíbrio entre os dois Grandes. Assim como Washington, Moscou se opunha à proliferação das forças nucleares nacionais: a lógica nuclear se impunha à ideologia. Isto se mostra muito mais importante na medida em que o acesso à independência por parte de quase todos os antigos países coloniais ampliava consideravelmente o campo diplomático, traduzindo-se essa mundialização por meio de quatro fenômenos essenciais:

— a possibilidade, para qualquer região do globo, de ser arrastada a uma guerra geral ou sofrer suas conseqüências diretas, possibilidade levada a seu extremo pelo risco de uma guerra nuclear e explorada pela União Soviética e suas "campanhas pela paz";

— a presença universal da ação dos dois Grandes,

de sua ideologia, de sua competição ou de seus prolongamentos;

— o dinamismo da sociedade industrial, com o abalo das estruturas tradicionais, a entrada em uma "economia de transição" e a difusão dos meios de comunicação de massa, permitindo a tomada de consciência das solidariedades;

— o acesso dos ex-países coloniais à independência enquanto Estados e sua presença nas Nações Unidas, ou seja, a homogeneidade jurídica do globo.

Quatro datas podem ilustrar essa evolução:

— 1945: nascimento do novo sistema bipolar e extra-europeu;

— 1949: vitória do comunismo na China;

— 1955: penetração da guerra fria no Oriente Médio, que deixa de ser uma "reserva de caça" ocidental, "desbloqueio" da admissão às Nações Unidas e eleição de 16 novos membros, primeiras manifestações da nova política soviética de penetração no Terceiro Mundo, Conferência de Bandung;

— 1960: admissão de 17 novos membros às Nações Unidas, dentre os quais 16 países africanos, penetração da guerra fria na África negra, com os acontecimentos do Congo, na América Latina, com a agravação das relações entre os Estados Unidos e Cuba.

Assim, em um momento em que o equilíbrio termonuclear parecia excluir os conflitos limitados nas zonas de confrontação direta entre os Grandes, e até entre os dois blocos, e tornar improvável qualquer conflito maior, é na Ásia e na África que crescem as tensões e onde a guerra continuava a desempenhar seu papel histórico. Do ponto de vista dos meios, as guerras onde se opunham bandos de guerrilheiros a pesados exércitos regulares tornaram-se o melhor dos símbolos de um sistema heterogêneo e revolucionário. As guerras das quais participavam os novos Estados eram, às vezes, conduzidas por exércitos regulares com os meios clássicos, porém é a guerrilha que, em primeiro lugar, caracterizava essas lutas. Na confluência da guerra tradicional e da guerra ideológica, da guerra civil e da guerra externa, da força e da fragilidade, do combate sangrento e da propaganda, de grupos armados e de populações inteiras, a guerra subversiva reunia em todas elas as oposições e contradições do sistema e, devido aos interesses dos dois blocos nas regiões que castigava, se tornou um elemento essencial da relação de forças entre os próprios dois Grandes. Subversão e contra-subversão tornaram-se um importante elemento do novo sistema internacional, ainda que assumissem características bastante diferentes, segundo os tipos de sociedades e de regimes. Não podiam ser separadas das duas outras formas de conflito entre os dois blocos: a dissuasão, à sombra da qual se desenrolavam, e a persuasão, que era um fator essencial uma vez que, ainda mais do que no caso de uma guerra clássica, tratava-se de um conflito entre duas vontades. Reencontrava-se, assim, a conjunção do fato nuclear e do fato ideológico.

d) O acordo contra a guerra

Possuindo os meios para se exterminar mutuamente, recusando-se, porém, a correr esse risco, os dois Grandes se encontraram, conjuntamente, diante de uma exigência comum: como limitar ao máximo a possibilidade de um conflito?

Podia-se acreditar que um botão fosse apertado acidentalmente, que uma falha elétrica, uma aurora boreal, um meteoro, fossem tomados como manifestações de um ataque, que um míssil fosse lançado em conseqüência de um erro mecânico ou humano. Entretanto, a menos que um dos dois campos não tivesse instalado um sistema estratégico irrevogável e dotado de capacidade de reação imediata, era quase que inverossímil que um destes elementos pudesse ter provocado uma reação de represálias. Donde a necessidade de medidas de alerta. O perigo maior estava em provocar uma cadeia de previsões que se cumprissem de maneira autônoma. Era concebível que uma medida de alerta de uma das partes fosse interpretada pela outra como um gesto de agressão, e não de defesa, levando esta última a tomar uma medida análoga. Este segundo movimento defensivo podia, por sua vez, ser interpretado pelo campo inicialmente alertado como confirmação de suas suspeitas e desencadear, de fato, outras ações. Era, então, possível que essas reações em cadeia se seguissem até que fosse alcançado um ponto a partir do qual não mais fosse possível retroceder. Esse era o motivo pelo qual cada uma das partes devia, não apenas adotar uma atitude prudente e responsável, mas também se assegurar de que a outra parte estava compreendendo bem o que estava ocorrendo. Na medida em que toda ação de salvaguarda implicava ações que faziam crescer as apreensões do adversário, era importante dispor dos meios para tranqüilizá-lo.

A guerra podia resultar, também, de um erro de cálculo, do emprego de uma estratégia de "beira do abismo". Em qualquer negociação, mesmo a mais inofensiva, poderia ser lógico um engajamento irrevogável, em vista de uma certa eventualidade e, ao mesmo tempo, podia ser absurdo pôr em prática as implicações desse engajamento, no caso real de ocorrência dessas eventualidades. Assim, a guerra resultante de uma lógica absurda deve ser distinguida da guerra provocada pela existência de objetivos irreconciliáveis entre os dois antagonistas, objetivos que cada um dos adversários está determinado a alcançar, sem levar em conta os riscos em que irá incorrer. A guerra resultante de uma lógica do absurdo corresponde a uma situação na qual nenhum dos dois campos acredita, realmente, que o problema seja suficientemente grave para justificar o conflito, porém onde cada um está disposto a se envolver mais ou menos completamente, com vistas a fazer o outro recuar. Os grandes desafios se arriscavam a conduzir ao suicídio em comum.

É por esse motivo que, após ter sido contornada a crise de Cuba, e na atmosfera de alívio que se seguiu, foram iniciadas conversações à margem dos trabalhos da Conferência de Genebra sobre o desarmamento, para tentar evitar qualquer mal-entendido, em caso de tensão. Isto fazia supor uma comunicação direta e imediata entre os dois Grandes — o que não era possível segundo os meios clássicos da diplomacia. Decidido em junho de 1963, o estabelecimento de um "telefone vermelho" entre Washington e Moscou respondia a esse objetivo comum. Graças a ele, cada um dos dois antagonistas podia ser imediatamente informado da perspectiva e das intenções do outro: não era mais possível a ocorrência de um erro de cálculo ou de interpretação.

Ao mesmo tempo, os dois Grandes tinham em comum o objetivo de dar um fim à proliferação das forças nucleares nacionais que, uma vez que estas não eram controladas por eles, eram vistas por eles como constituindo um fator de perturbação eventual. Ainda que o alcance do acordo considerado tenha sido algo limitado, resultou numa mudança de clima. No crepúsculo de Hiroshima, Truman tinha declarado:

A bomba atômica é muito perigosa para que possa ser abandonada em um mundo sem lei.

Porém foi necessário esperar que se passassem quase dezoito anos de guerra fria e de negociações intermináveis para que se chegasse a colocar o primeiro marco sobre a via de uma regulamentação internacional dos armamentos nucleares. Esse tratado sobre a proibição dos ensaios nucleares foi assinado em Moscou em 5 de agosto de 1963, pelos ministros das Relações Exteriores da União Soviética, da Grã-Bretanha e dos Estados Unidos. Era o primeiro ato internacional objetivando pôr um freio à corrida armamentista, ao mesmo tempo em que se constituiu no primeiro acordo entre o Leste e o Oeste acerca de um aspecto capital da guerra fria, concluído após o tratado que restabeleceu a soberania austríaca, assinado oito anos antes.

Frente a frente, dos dois lados da *Potsdamer Platz*, assim como nos desertos do *Grand Nord*, trocando desafios homéricos e brandindo armas terríveis tanto para aqueles que as possuem como para aqueles que são visados por elas, os dois Grandes tomaram, assim, consciência da solidariedade que os unia diante dos riscos de uma guerra que, sabiam, seria ilimitada.

CONCLUSÃO

Sem dúvida, a guerra fria se iniciou historicamente em 1917, quando triunfou, na Rússia, um regime revolucionário que não escondia sua disposição para o universalismo e que foi então considerado como um fator de perturbação, tendo a aliança com ele apenas mascarado conjunturalmente esse antagonismo. A expressão guerra fria parece ser apropriada para caracterizar um período mais curto, que vai do fim da Segunda Guerra Mundial até a tomada de consciência, por parte dos dois Grandes, das responsabilidades comuns decorrentes da posse das armas nucleares e termonucleares. Seria, sem dúvida, apropriado distinguir entre a *détente*, simples atenuação das tensões, e a *coexistência pacífica*, concepção das relações entre Estados ou entre grupos de Estados animadas por princípios diferentes e perseguindo objetivos diferentes. Não é menos verdade que a partir da crise de Cuba e dos dois primeiros acordos americano-russos (tratado de 10 de junho de 1963, que estabeleceu uma comunicação direta entre Washington e Moscou, e o tratado de 5 de agosto de 1963 sobre a suspensão parcial dos ensaios nucleares), um novo clima foi estabelecido. A guerra fria tinha terminado, uma vez que, juntando-se aos Estados Unidos, a União Soviética passou a raciocinar em termos de lógica nuclear. Como essa evolução das idéias resultou da evolução dos armamentos, a guerra fria pode ser definida como o estado das relações entre os dois Grandes durante a primeira fase da era nuclear.

O efeito mais visível dos armamentos termonucleares foi o de dissuadir os dois Grandes de fazer a guerra total, de tornar improvável o desencadeamento de uma guerra total enquanto tal: o esforço no sentido de não pôr em prática as ameaças que eram manifestadas, e que se explica pela enormidade das armas disponíveis, modificou o jogo diplomático, uma vez que, mais do que nunca, não existe uma proporcionalidade entre os meios de poder de um Estado e sua capacidade de impor aos outros sua vontade. Uma outra diferença entre a era termonuclear e as eras pré-nucleares é ilustrada pelo custo de uma guerra total, isto é, uma guerra conduzida com todas as armas disponíveis, até a vitória absoluta. No futuro, um Estado pode ser destruído, uma população pode ser destruída no curso das hostilidades sem que tenham sido previamente desarmados. A única defesa possível é a capacidade de represálias. Sem essa capacidade de defesa, ativa ou passiva, é muito improvável que um Estado possa resistir a uma intimidação termonuclear: um Estado desprovido de capacidade de represálias está a mercê de um ultimato de uma potência nuclear.

Porém, se uma guerra total desencadeada como tal é improvável, subsiste um risco, o de uma escalada rumo aos extremos, ou seja, de uma amplificação apocalíptica de uma guerra que, limitada por ocasião de seu início, se agravaria em razão do emprego de armas nucleares táticas cada vez mais potentes e, em seguida, de armas nucleares estratégicas. Mas esse risco está ligado a um propósito de ordem política, do qual depende o recurso aos artefatos nucleares, e não às armas, em si.

Neste sentido, pode-se refletir que se a guerra fria não se degenerou em conflito mundial foi porque ela impôs uma nova forma de paz, a *paz pelo medo*. Depois da força, depois da fé, depois da Lei, o medo sustentou a paz: foi menos a sabedoria ou o respeito pelo "outro" que estimularam os homens de Estado a serem prudentes e a não recorrerem à violência, do que o temor às conseqüências que eles mesmos sofreriam, em virtude da inevitabilidade de represálias que, de qualquer forma, a vítima permaneceria em condições de exercer. A partir da consideração da relação aposta-risco, chegou-se ao reconhecimento da irracionalidade do recurso à força. Essa paz pelo medo supõe, então, um certo equilíbrio, ficando a estabilidade recolocada em questão pela corrida qualitativa aos armamentos e pela proliferação das forças nucleares nacionais. A potência das armas nucleares impôs a moderação.

SEGUNDA PARTE:
ELEMENTOS DE DOCUMENTAÇÃO E ESTADO DE QUESTÃO

DOCUMENTOS E OPINIÕES

"A Rússia de Stalin não era um aliado nem para os Aliados nem para a Alemanha nazista em seu apogeu. Seus objetivos estavam em contradição com os objetivos dos dois campos existentes. Hitler, com seu realismo brutal, tinha compreendido esse fato que se constituiu, desde o início, em um motivo da precariedade da aliança que tinha estabelecido. As democracias ocidentais sabiam com o que contar da Rússia de Stalin, depois das experiências tentadas nos anos 30 e sobretudo de 1939 a 1941. Porém a obsessão do conflito com a Alemanha eclipsou, assim como durante a Primeira Guerra Mundial, qualquer apreciação realista acerca da União Soviética. O Ocidente esqueceu muito rapidamente, no período que se seguiu à ofensiva hitlerista na Rússia, as lições que deviam ter sido aprendidas sobre o crédito que se podia conceder a Stalin."

G. F. KENNAN. *A Rússia Soviética e o Ocidente*, 1962, p. 318-319.

"Dentro em breve, nosso poder militar se desvanecerá, exceto os efetivos relativamente reduzidos que permanecerão para ocupar a Alemanha. Que acontecerá, nesse meio tempo, do lado da Rússia? A inquietude me assalta ao pensar nas interpretações errôneas feitas pelos russos acerca dos acordos de Yalta, na sua atitude com relação à Polônia, na influência predominante que exercem sobre os Bálcãs, com exceção da Grécia, nas dificuldades que interpõem quanto à questão de Viena, na dimensão de seu poder, na extensão do território que ocupam ou controlam e na técnica comunista que empregaram em tantos outros países, ao pensar, sobretudo, na possibilidade que terão de manter durante muito tempo imensos exércitos na ativa. Qual será a situação dentro de um ou dois anos? Os exércitos americanos e britânicos terão se firmado, os franceses estarão longe de ter-se organizado em uma grande escala, ao passo que a Rússia poderá resolver conservar duzentas ou trezentas divisões em atividade. Uma cortina de ferro desceu sobre o *front* russo[1]. Nós ignoramos tudo o que se passa por trás dela..."

> Telegrama de Winston CHURCHILL ao presidente Truman.
> 12 de maio de 1945.

"Sabem os senhores qual é a base de nossa política? É o medo, o medo dos senhores, o medo de vossa política, o medo de vosso governo. Se ouso empregar essas palavras, é porque o medo que estou evocando não é o medo de um covarde, não é o medo de um ministro de um país que treme, de um país que esteja a ponto de pedir piedade ou pedir misericórdia. Não, é o medo que pode, que deve ter um homem quando olha para o futuro e considera tudo o que esse futuro reserva ainda, talvez, em matéria de horror e de tragédia e as terríveis responsabilidades decorrentes... A verdade é que vossa política externa é hoje mais audaciosa e mais ambiciosa do que a política dos próprios tzares..."

> Paul-Henry SPAAK. Discurso perante a Assembléia Geral
> das Nações Unidas.
> Paris, 28 de setembro de 1948[2].

"As idéias não se transformam como os territórios ou as forças, por adição ou subtração. Elas obedecem a outras leis.

"Sempre dependente, quanto ao seu desenlace, do jogo dos acontecimentos e das forças, a grande confrontação que se iniciou em 1945 não se limitou apenas a esse jogo. Sua finalidade real é outra. Não será ela o momento inicial de uma descoberta que ainda mal começava a alcançar as consciências, porém uma constatação de grande alcance? Ao preço de numerosas provas e de riscos sem precedentes, não se poderia um dia constatar que certos

1. Foi a primeira vez em que se utilizou a expressão "cortina de ferro".

2. A respeito desse discurso, cujo sucesso relembra, P. H. Spaak escreveu: "Objetivamente, se bem que é difícil a alguém ser seu próprio juiz, penso que dada a atmosfera da época, diante dos problemas que se colocavam, o discurso era bom, pelo menos em algumas de suas partes. Mas esse sucesso permanece inexplicável, se não se admitir que era a expressão de um estado de espírito bastante generalizado e que até então ninguém tinha ousado expressar. Naquele tempo, tínhamos realmente medo dos russos. Ver expressa essa idéia constituía-se numa quebra do encantamento". *In Combats Inachevés*, vol. I, "De l'Independance à l'Alliance", 1969, p. 219.

objetivos da política não são alcançáveis, normalmente, pela guerra, pelo menos em sua forma total? De um ponto de vista mais pragmático, não será, um dia, necessário reconhecer que certos objetivos supõem ou uma vitória total, ou, se esta for impossível, uma modificação radical dos procedimentos habituais da política? Opor-se à pretensão de vitória total é a primeira providência. Ela não será proveitosa, a longo prazo, a não ser que se considere, também, a segunda, a transformação da política.

"Essa nova dimensão é quase imperceptível, em 1945. Mas ela existe, ao menos em potencial. Ela não substitui as complexidades tradicionais da política internacional. Ela se acrescenta a estas. Ela não as simplifica, ela as complica. Ela não suprime fatos tão fundamentais quanto o sentimento nacional. Ela os afeta mais ou menos conforme as regiões, os períodos ou as circunstâncias. As proporções se alteram. Os riscos aumentam. Ao mesmo tempo, no horizonte longínquo, alguns tipos de soluções podem ser divisados.

"Essas transformações são percebidas pela consciência coletiva apenas após muitos anos. No momento em que elas começaram a ser analisadas, um novo fator veio confundir os espíritos. A aparição, em 1953-1954, de duas armas termonucleares acrescenta às dificuldades conhecidas um novo enigma. À fase da divisão, resultado da guerra, se sucedeu a fase da discussão"[3].

Jean LALOY, *Entre guerras e paz*,
1945-1965, pp. 165-166.

"Nós temos a prova de que no curso das últimas semanas foi realizada uma explosão atômica na União Soviética.

"No próprio dia em que a energia atômica foi liberada pelo homem, pela primeira vez, foi preciso atentar para o fato de que, no futuro, outras nações estariam em condições de se utilizar, também, desta nova força. Nós sempre tivemos em conta esta possibilidade.

"Há quase quatro anos, enfatizei que na opinião praticamente unânime dos cientistas os conhecimentos teóricos sobre os quais se baseia a descoberta são já bastante difundidos. Estamos igualmente de acordo, no geral, sobre o fato de que chegará um momento em que as pesquisas estrangeiras alcançarão o grau de

3. As proposições de Jean Laloy têm o mérito de colocar o problema das tensões num plano bastante elevado e, deste ponto de vista, é difícil não estar de acordo com ele. Porém é difícil compreender como ele estabelece uma relação de sucessão entre uma fase de "divisão" e uma fase de "dissuasão", uma vez que desde 1945 os Estados Unidos praticam uma política de dissuasão, como necessidade de defesa face à superioridade da União Soviética no terreno não nuclear. A divisão não excluía a dissuasão. Mais precisamente, uma dissuasão unilateral foi substituída por uma dissuasão mútua que, desde que foi estabelecida a paridade russo--americana, assumiu a forma que foi chamada de "o equilíbrio do terror".

conhecimento teórico que nós possuímos atualmente. E na declaração das três nações feita pelo presidente dos Estados Unidos e pelos primeiros-ministros do Reino Unido e do Canadá, de 15 de novembro de 1945, foi sublinhado que nenhuma nação pode, de fato, deter o monopólio das armas atômicas."

> Harry TRUMAN, Declaração sobre a bomba atômica russa.
> Washington, 23 de setembro de 1949.

". . . O mundo inteiro sabe que uma época terminou, com a morte de Joseph Stalin. Este reinado, que teve uma duração extraordinária de trinta anos, assistiu ao engrandecimento do Império soviético até que ele se estendesse desde o mar Báltico até o mar do Japão, e impusesse finalmente sua dominação sobre 800 milhões de indivíduos.

"O sistema soviético, elaborado por Stalin e seus predecessores, nasceu a partir da Primeira Guerra Mundial. Ele suportou a prova de uma Segunda Guerra Mundial, graças a uma obstinação e uma coragem freqüentemente assombrosas. É para fazer o mundo viver no temor de uma Terceira Guerra Mundial que ele sobreviveu.

"Uma amarga sabedoria nascida da experiência ensinou a este mundo que a vigilância e seus sacrifícios são o preço da liberdade. Ele sabe que a defesa da Europa exige de maneira imperativa unidade de objetivos e de ações proporcionados pela O.T.A.N. . . Sabe que a Alemanha Ocidental merece se tornar um membro livre e igual desta comunidade, e que este é o único e seguro meio pelo qual a Alemanha poderá recuperar, finalmente, sua unidade. Sabe que a agressão na Coréia e no Sudeste da Ásia constituem uma ameaça para todo o mundo livre e que devemos responder a esta ameaça através de nossa unidade. Ela é a forma assumida pelo mundo livre com que se defrontam os novos dirigentes soviéticos. É um mundo que reclama e exige o pleno respeito de seus direitos e de seus interesses. É um mundo que terá sempre esse mesmo respeito para com todos os outros povos.

". . .Uma vez que progressos alcançados nesse campo reforçariam a confiança mundial, nós poderíamos realizar, ao mesmo tempo, nossa segunda grande tarefa, a redução do volume de armamentos que pesa atualmente sobre o mundo. Com essa finalidade, nós participaríamos imediatamente dos acordos os mais solenes. Estes poderiam incluir:

"1. A limitação em valor absoluto ou proporcional que faça objeto de um acordo geral as forças militares e de segurança de todas as nações;

"2. O compromisso assumido por todas as nações no sentido de limitar nas proporções convencionadas a produção de certas matérias-primas estratégicas destinadas a fins militares;

"3. O controle internacional da energia atômica, com vistas a desencorajar sua utilização com fins exclusivamente pacíficos e a assegurar a interdição das armas atômicas;

"4. A limitação da interdição de outras categorias de armas particularmente destrutivas;

"5. A colocação em vigor de todas estas limitações e de todas estas proibições graças a garantias adequadas, incluído aí um sistema prático de inspeção sob a supervisão das Nações Unidas. . ."

> EISENHOWER. Discurso de 16 de abril de 1963.

"Desejamos, para nós mesmos e para as outras nações livres, uma força de dissuasão máxima, a um preço aceitável. A defesa local será sempre importante, porém não é a força local que será capaz de, por si só, conter as enormes forças terrestres do mundo comunista. Convém reforçar as defesas locais pelo poder de dissuasão de uma força de represálias maciças. O agressor eventual deve saber que ele não pode ditar sempre as condições de combate que lhe convenham. . . O mundo livre não pode desencorajar a agressão a menos que esteja disposto e seja capaz de responder vigorosamente nos lugares que escolher e com os meios pelos quais optar.

". . .Se o inimigo pode escolher a hora, o lugar e o método de combate — e se nós continuarmos a sustentar a política de responder à agressão por meio de intervenções diretas e locais, deveremos ter a certeza da necessidade de termos que combater no Ártico e nos trópicos, na Ásia, no Oriente Próximo e na Europa, no mar, na terra e no ar, com armas antigas e novas. O custo global de nosso esforço em matéria de segurança, tanto no interior como no exterior, se elevou a mais de 50 bilhões de dólares por ano e previa, para 1952, um déficit orçamentário de 9 bilhões de dólares e, para 1954, um déficit de 11 bilhões. Nossos aliados tiveram que carregar um fardo semelhante. Essa situação não poderia se prolongar por muito tempo sem que se produzissem graves conseqüências financeiras, econômicas e sociais.

"Mas antes que os planos militares pudessem ser modificados, o Presidente e seus conselheiros. . . deviam tomar certas decisões políticas básicas. Isso é o que foi feito. A decisão fundamental foi de recorrermos em primeiro lugar a um importante potencial de represálias instantâneas através dos meios e nos lugares que nós escolheremos. . ."

> Foster DULLES. Comunicação ao *New York Council for Foreign Affairs*,
> 12 de janeiro de 1954.
> Primeira definição de represálias maciças.

"Hoje em dia não é mais segredo que os recursos de uma série de Estados são alocados em uma medida cada vez maior à produção de diversos tipos de armas destrutivas e perigosas. Isto diz respeito, principalmente, às armas atômicas e termonucleares. Os senhores sabem perfeitamente que a União Soviética é obrigada, ela também, a fabricar tanto armas atômicas como termonucleares. Ela está constrangida a isso pela situação internacional que se criou e, em primeiro lugar, devido à política 'à beira do abismo' praticada por certas potências. . ."

> Andrei GROMIKO.
> Declaração oficial de 10 de maio de 1957.

106

"Um superfoguete balístico intercontinental foi lançado há alguns dias. As provas do foguete foram coroadas de êxito. Elas confirmaram os cálculos realizados e a concepção escolhida.

"O foguete voou a uma altitude sem precedentes, cobrindo uma grande distância em pequeno espaço de tempo. Ele aterrissou na zona prevista. Os resultados conseguidos mostram que é possível dirigir os foguetes contra qualquer parte do mundo.

"A solução do problema dos mísseis balísticos intercontinentais permitirá alcançar regiões distantes sem recorrer à aviação estratégica que, presentemente, é vulnerável à D.C.A. atual.

"Em virtude do enorme valor científico e da extrema importância desta experiência para o reforço da defesa da U.R.S.S., o governo soviético exprime sua gratidão a todos os trabalhadores..."

Comunicado relativo ao M.B.I.R.,
publicado pela Agência Tass em 27 de agosto de 1957.

"Atualmente, apenas três potências, a U.R.S.S., os Estados Unidos e a Grã-Bretanha, possuem armas nucleares; em conseqüência, é relativamente simples chegar-se a um entendimento sobre o término dos ensaios das armas nucleares. Mas, se não pusermos um fim aos ensaios nucleares, agora, outros países poderão, dentro de algum tempo, conseguir essas armas. Nessas condições, será, sem dúvida, mais difícil alcançar um entendimento sobre o fim dos testes.

"...Em virtude da decisão do Soviet Supremo, o governo soviético resolveu pôr fim, unilateralmente, aos ensaios de armas atômicas e de hidrogênio, de todos os tipos, a partir de 31 de março de 1958.

"O governo soviético se dirige ao governo dos Estados Unidos, bem como ao governo da Grã-Bretanha, propondo-lhes seguir seu exemplo..."

Mensagem de KRUSCHEV a Eisenhower,
4 de abril de 1958.

"Os Estados Unidos se felicitam pelo sucesso na conclusão da conferência dos especialistas, de Genebra, que estudaram o problema e chegaram à conclusão de que é possível, e por quais meios, detectar ensaios de armas nucleares. Suas conclusões indicam que, se fosse concluído um acordo objetivando pôr um fim às provas nucleares, sua aplicação com vistas a um controle efetivo seriam tecnicamente factíveis.

"Esta é uma conclusão da maior importância, se se levar em conta que para que se chegasse a ela contribuíram especialistas soviéticos...

"Os Estados Unidos, aceitando as conclusões da Conferência de Genebra, estão a tomar as medidas necessárias para negociar, com as outras nações que realizaram ensaios de armas nucleares, um acordo para a suspensão desses ensaios e para a instauração, de fato, de um sistema de controle internacional baseado no relatório dos especialistas.

"Se o princípio deste acordo for aceito pelas outras nações que realizaram ensaios de armas nucleares, nesse caso, no sentido de tornar mais fáceis as negociações em seus detalhes, os Estados Unidos estão prontos, a menos que a União Soviética retome suas experiências, a suspender, de sua parte, qualquer ensaio de armas atômicas ou de hidrogênio pelo período de um ano após o início das negociações.

"No quadro do acordo em perspectiva, e sob uma base de reciprocidade, os Estados Unidos estarão igualmente dispostos a suspender o ensaio de armas nucleares por períodos sucessivos de um ano, sob a condição de que fique determinado, no início de cada ano, que: (a) o sistema de inspeção previsto esteja em vigor e funcione de modo eficaz; (b) sejam realizados progressos satisfatórios no sentido da realização de um acordo e da colocação em prática das medidas essenciais ao controle dos armamentos, cuja consecução os Estados Unidos buscam há longo tempo. Esse acordo deveria, da mesma forma, tratar das explosões com fins pacíficos como distintas dos ensaios de armas nucleares."

Declaração de EISENHOWER,
22 de agosto de 1958[4].

". . .No curso dos anos passados, nossa força de dissuasão de longo alcance, hoje sem rival no domínio dos bombardeiros pilotados, adquiriu uma nova força com a entrada no arsenal das armas operacionais do foguete balístico intercontinental ATLAS. Em quatorze ensaios recentes, o ATLAS, lançado a uma distância de mais de 8 000 quilômetros, caiu, em média, dentro de um raio de dois quilômetros em torno do alvo, isto é, uma distância menor do que o comprimento de uma pista de aterrissagem para aviões à reação e suficientemente dentro dos limites da zona de destruição total. . .

"Este ano, além disso, submarinos atômicos entrarão em serviço em nossa marinha, em número crescente. Alguns serão dotados de foguetes POLARIS. Esses navios e essas armas notáveis, singrando os mares, serão capazes de disparar com precisão sobre

4. Essa discussão do controle dominou todas as discussões sobre o desarmamento, clássico ou nuclear.

"Os Estados que consideravam a possibilidade de se combaterem não podiam nem renunciar a uma arma talvez decisiva, nem se envolver em uma cooperação industrial, incompatível com as práticas e as exigências da soberania: os inspetores internacionais teriam atravessado livremente as fronteiras, teriam sido admitidos livremente nas fábricas; os aviões do organismo mundial teriam entrado livremente nos territórios da União Soviética e dos Estados Unidos; os cientistas ingleses, russos, americanos e franceses teriam trabalhado conjuntamente pelo progresso da ciência e da técnica. Em verdade, a revolução teria atingido os fundamentos da ordem atual; teria abalado o conceito de soberania, a pedra angular da organização política" (Raymond ARON, *Espoir et peur du siècle*, 1957, p. 249).

objetivos situados virtualmente em qualquer parte do mundo. Impossíveis de serem destruídos por um ataque de surpresa, eles se tornarão uma de nossas sentinelas mais eficazes para a proteção da paz. . ."

Mensagem de EISENHOWER sobre o Estado da União,
7 de janeiro de 1960.

"Nessas condições, a redução do exército soviético não colocará em perigo o nosso país, e não apenas nosso país, mas também a causa da paz? As forças agressivas, os inimigos do comunismo, não serão tentadas a desencadear uma guerra contra a União Soviética? . . .Não poderá esta medida solapar ou destruir o *deterrent* da União Soviética, para empregar a expressão em uso no Ocidente?

"Nós consideramos ponderadamente todas essas questões, e declaramos ao Soviet Supremo que em hipótese alguma será diminuída a capacidade defensiva de nossa pátria. Nas condições atuais, as guerras não se desenrolariam como anteriormente e se pareceriam bem pouco com as guerras do passado. Antigamente, os países preferiam manter os seus exércitos o mais próximo de suas fronteiras, a fim de constituir, em caso de necessidade, uma espécie de barreira viva de soldados e de canhões. . . Nos primeiros dias, os combates tinham lugar sobre as fronteiras dos países beligerantes, onde estavam concentradas as tropas. Atualmente, se estourasse a guerra, as operações militares se desenrolariam diferentemente, pois os países possuiriam meios de transportar as armas a milhares de quilômetros. A guerra teria início, em primeiro lugar, no interior dos países beligerantes e nenhuma capital, nenhum centro industrial ou administrativo importantes, escaparia de um ataque desde os primeiros dias, até mesmo desde os primeiros minutos da guerra. Portanto, a guerra, se fosse desencadeada, começaria diferentemente e se desenvolveria diferentemente.

Discurso de KRUSCHEV perante o Soviet Supremo,
14 de janeiro de 1960.

"Para responder à aceleração dos preparativos de guerra ocorridos nos países ocidentais, sob a capa da crise de Berlim, o Comitê Central do P.C.U.S. e o governo soviético foram obrigados a tomar medidas para reforçar a defesa e a segurança · da U.R.S.S. Se apesar de tudo uma guerra mundial fosse desencadeada pelos agressores imperialistas, ela se transformaria, inevitavelmente, em guerra nuclear. Nesse gênero de guerra, as armas nucleares serão os principais meios de destruição e os foguetes serão os principais meios de seu transporte rumo ao objetivo. . . Em qualquer guerra nuclear, um lugar decisivo será reservado aos foguetes nucleares. Entretanto, a vitória sobre o agressor só poderá ser alcançada através da ação comum de todas as forças armadas. É por esse motivo que nós damos a atenção devida ao melhoramento de todas as armas. . . O período que decorreu após o XX Congresso do P.C.U.S. marcou uma alteração decisiva no desenvolvimento e no reforço do exército terrestre e da marinha.

Mas o ponto mais importante é a criação de uma nova força — a força de foguetes estratégicos."

Discurso do Marechal MALINOVSKI perante o
XXII Congresso do P.C.U.S.,
23 de outubro de 1961.

"Em 1957, a superioridade no domínio das armas nucleares estratégicas pertencia, indiscutivelmente, ao Ocidente. Atualmente, os ocidentais ainda detêm a superioridade mas os dois campos têm, um e outro, um poder de destruição nunca antes alcançado, nem mesmo imaginado, na história humana. Portanto, é provável que um conflito armado que coloque em jogo os interesses essenciais de um ou outro campo resulte não apenas na derrota de um ou outro campo, mas na destruição quase total dos dois. Este fato determina necessariamente, em uma medida cada vez maior, a atitude das potências com relação ao emprego da força como instrumento de ação política; de fato, os governos não podem mais considerar a possibilidade de uma guerra total clássica, nem uma guerra limitada, sem correr o risco de utilização de armas nucleares. Levando em consideração o desenrolar da história até nossos dias, parece que a paz sempre foi entrecortada, inevitavelmente, por guerras de uma ferocidade sempre crescente. O enorme poder de dissuasão da força de ataque nuclear é um fator novo que autoriza, se soubermos manter o equilíbrio de forças, a esperança de manter a paz, até que o desarmamento venha proporcionar uma solução mais durável.

"Nós devemos, portanto, assim como nossos aliados, estar em condições de deslocar, para qualquer lugar onde tenhamos necessidade, forças suficientes para manter esse equilíbrio e para evitar que a tensão não resulte em um conflito maior. Nossa política de dissuasão foi posta duramente a prova no decorrer dos últimos doze meses, na Europa, no Oriente Médio e no Extremo Oriente. Até aqui, ela tem se mostrado eficaz. Devemos, contudo, continuar a fazer com que nossos eventuais agressores compreendam que, em caso de ataque, responderíamos utilizando todos os meios que julgássemos úteis, sejam eles clássicos ou nucleares. Ora, se dispusermos apenas de armas nucleares, isso não será plausível. Devemos, portanto, manter um equilíbrio entre as armas clássicas e nucleares. Tanto umas como as outras devem ser suficientemente importantes para que desencoragem o eventual agressor de tomar uma vantagem rápida e para impedir que um atitude agressiva possa degenerar em um conflito maior.

"Em suma, devemos equilibrar cuidadosamente nossas forças no sentido de desencorajar qualquer forma de agressão e qualquer ameaça militar. O governo não acredita que um conflito maior possa se desenrolar por muito tempo, sem que um ou o outro dos beligerantes deixe de recorrer às armas nucleares. Assim, é muito mais importante evitar a guerra do que preparar-se para uma guerra longa conduzida com armas clássicas. . ."

Trecho extraído do Livro Branco britânico sobre a Defesa,
fevereiro de 1962.

"Pode ser que vosso vizinho vos seja simpático, ou não. Não tendes a obrigação de ser seus amigos ou de visitá-lo. Porém, viveis lado a lado, e que fazer se nem vós nem ele se dispõem deixar o lugar a que estão habituados, para se fixar em outra cidade? Com muito maior razão, o mesmo ocorre nas relações entre os Estados... Há apenas duas possibilidades: ou a guerra, e deve-se dizer que a guerra, no século dos mísseis e da bomba de hidrogênio, é plena das mais graves conseqüências para todos os povos, ou a coexistência pacífica. Quer vosso vizinho vos agrade ou não, não há outra coisa a fazer senão encontrar um terreno de entedimento com ele, pois nós temos apenas um só planeta."

Discurso de KRUSCHEV,
6 de julho de 1959.

"A guerra fria se situa no ponto de convergência de duas séries históricas, uma que conduz ao aperfeiçoamento de bombas termonucleares e engenhos balísticos, à renovação incessante das armas cada vez mais destrutivas e de veículos portadores cada vez mais rápidos; e a outra, que acentua o elemento psicológico dos conflitos em detrimento da violência física. O encontro dessas duas séries é facilmente percebido: quanto mais os instrumentos da força ultrapassam a escala humana, menos eles são utilizáveis. As enormes possibilidades da tecnologia devolvem a guerra à sua condição essencial de confronto entre vontades, seja porque a ameaça substitui a ação, seja porque a impotência recíproca dos Grandes proíbe os conflitos diretos e, da mesma forma, amplia os espaços onde castigam, sem muitos riscos para a humanidade, a violência clandestina ou dispersa."

Raymond ARON,
Paz e guerra entre as nações, 1962, p. 179.

PROBLEMAS E DISCUSSÕES DE INTERPRETAÇÃO

Não há praticamente nenhum evento ocorrido durante a guerra fria que não tenha sido objeto de vivas controvérsias, sem dúvida devido ao fato de que na gênese e nas manifestações de cada um deles os fatores ideológicos eram mais aparentes do que os fatores especificamente políticos ou estratégicos, estando estes últimos relacionados a uma lógica nuclear da qual poucos homens de Estado tinham tomado consciência. Além disso, a maior parte dos documentos oficiais que lhes dizem respeito permanecem, ainda, secretos — as memórias dos protagonistas são extremamente discretas sobre certos aspectos fundamentais das crises. Da mesma forma, uma história da guerra fria é inseparável das controvérsias suscitadas por suas manifestações. Existem, entretanto, certos eventos-chaves que, desse ponto de vista, merecem uma atenção particular.

I. PORQUE A U.R.S.S. REJEITOU O PLANO MARSHALL?

Desde 1947, se os pontos de vista opostos dominavam as relações americano-soviéticas, esse antagonismo se amplificava a ponto de afetar o futuro de toda a Europa.

M. Forrestal se recorda de que em 4 de abril de 1945 Averell Harriman, então embaixador em Moscou, enviou ao Departamento de Estado um relatório no qual, após notar que

> o Partido Comunista e seus associados se valem, em toda parte, das dificuldades econômicas pelas quais passam os países colocados sob nossa responsabilidade para fazer a propaganda das concepções e da política dos Sovietes, solapando, assim, a influência dos aliados ocidentais,

reclamava

> que nós nos ocupemos em cuidar de nossos aliados ocidentais e das regiões colocadas sob a nossa responsabilidade, deixando o restante, se houver, à Rússia, e que restabeleçamos, por meio de toda a ajuda econômica possível, as condições de vida decentes para os países que possuem as mesmas concepções gerais que nós sobre a vida e sobre a evolução do mundo[1].

O governo americano nada ignorava dessa situação. Ele, também, não deu nenhuma continuidade às solicitações de créditos à longo prazo apresentadas por Stalin em Yalta, e redobrou suas iniciativas no sentido de recuperar os juros dos empréstimos já realizados, enquanto que, ao mesmo tempo, dava à Grã-Bretanha um empréstimo de 3 750 milhões de dólares a uma taxa de 2% de juros, enquanto que a União Soviética não recebia senão os auxílios repartidos pela U.N.R.R.A. Alguns, especialmente Henry Wallace, sustentavam uma inversão da política, convencidos de que uma cooperação econômica poderia abrir os caminhos para uma cooperação política. Truman afastou-se de Wallace.

A União Soviética poderia ter se beneficiado da ajuda americana se tivesse aderido ao sistema monetário estabelecido pelos acordos de Bretton Woods de julho de 1944, e, portanto, ao Fundo Monetário Internacional. Representantes soviéticos tinham participado dessa conferência: não se esperava, evidentemente, que aceitassem uma fórmula de cooperação inspirada pelas idéias americanas em matéria de liberdade de trocas e de estabilidade da moeda, mas eles tinham conseguido a aprovação de cláusulas especiais, adaptadas às suas próprias concepções, cláusulas que lhes teriam permitido conse-

---

1. Forrestal: *Journal*, p. 56.

guir, dentro de um prazo muito breve, um crédito de um bilhão e meio de dólares, financiado quase que exclusivamente pelos Estados Unidos. Porém, recusaram estes arranjos sem dar nenhuma explicação — e, posteriormente, nenhuma explicação foi dada. Como não podemos nos contentar em constatar que a União Soviética se recusou a aderir a um sistema votado à reconstrução monetária, somos obrigados a formular uma hipótese: os membros das instituições criadas a partir da conferência de Bretton Woods proporcionaram informações sobre os volumes de suas reservas em ouro, dados que lhes eram significantes não apenas do ponto de vista da vida política, mas da própria segurança nacional. Além disso, muito dificilmente, os dirigentes soviéticos poderiam ter justificado sua adesão a um sistema inspirado pelo que consideravam como "o espírito capitalista".

A primeira reação soviética foi negativa. Depois, em 22 de junho, o Kremlin aceitou enviar Molotov a Paris para conferenciar com Bevin e Bidault sobre a ordem do dia da conferência convocada para estudar a oferta americana. Porém o desacordo surgiu rapidamente. Enquanto que para Bevin e Bidault o déficit europeu devia ser eliminado por meio de uma ação intereuropéia, devendo-se solicitar apenas o saldo ao exterior, para Molotov (e suas teses vieram a público no dia 29, através da Agência Tass) a própria idéia de um plano de conjunto era inaceitável, sendo os problemas econômicos internos da competência exclusiva dos "povos soberanos, devendo a conferência se limitar a fazer uma relação das necessidades. A União Soviética aceitava o princípio de uma ajuda bilateral, porém recusava qualquer condição e qualquer controle — sua atitude era, assim, idêntica à que tinha adotado quando da conferência de Bretton Woods e por ocasião dos debates na O.N.U. sobre o "Plano Baruch". Além disso, em segundo plano a esta oposição a uma estrutura de utilização dos créditos americanos, apareciam duas preocupações políticas: a organização européia para a utilização do auxílio americano teria recolocado em questão a influência exclusiva de Moscou sobre a Europa do Leste; a aceitação dessa ajuda teria mostrado aos povos que a União Soviética estava obrigada a apelar para os Estados Unidos, aos quais se pretendia superior. Em 2 de julho, Molotov rompeu com as negociações e abandonou a conferência.

A recusa foi imposta aos satélites e, tendo em vista as razões do "não" soviético, seria ilógico que isto não ocorresse. Essa recusa foi imposta com referência a dois argumentos: os países que aceitassem a ajuda americana se colocariam sob o "controle" dos Estados Unidos, contribuiriam para indispor os países europeus uns contra os outros. O discurso do General Marshall tinha ecoado até as fronteiras da União Soviética: era necessário que essa mensagem fosse denunciada pois uma aceitação, ainda que simplesmente em princípio, teria tornado difícil, se não impossível, justificar uma ruptura por ocasião das negociações. A recusa devia ter a solenidade e o alcance do próprio oferecimento.

II. QUEM TOMOU A DECISÃO DE DESENCADEAR A GUERRA NA CORÉIA?

Em 12 de janeiro de 1950, Dean Acheson tinha declarado que o "perímetro defensivo" dos Estados Unidos ia desde as Aleutas até o Japão e desde o Japão até as Ryu-kyu e as Filipinas, o que excluía a Coréia, e acrescentara:

ainda que a segurança militar das outras regiões do Pacífico estejam em questão, deve ficar bem claro que ninguém pode lhes garantir sua segurança contra um ataque militar.

Dava um caráter oficial a uma opinião emitida em 1º de março de 1949 pelo próprio General MacArthur. As decepções que eles tinham acumulado na China, a hostilidade da população coreana que o General Hodge tinha agravado pela sua inépcia explicam, pelo menos em certa medida, o desinteresse americano. Assim fazendo, os Estados Unidos não compreenderam que, ao retirar suas tropas, estavam criando uma situação favorável ao desencadeamento de uma guerra civil. Em suas *Memórias*, Truman referiu-se muito discretamente a esse aspecto do problema.

Era grande, para os norte-coreanos, a tentação de atacar a República Sul-Coreana, que representava, a seus olhos, uma expressão do "imperialismo" americano. Porém, dificilmente pode-se imaginar que teriam tomado tal decisão sem que tivessem sido, se não constrangidos a isso, pelo menos encorajados pela União Soviética ou pela China.

No relatório que apresentou ao XX Congresso do P.C.U.S. sobre os crimes de Stalin, Kruschev permaneceu mudo a esse respeito. André Fontaine tem, todavia, razão em escrever:

> Seria... inverossímil que o ditador não tivesse concordado com a operação[2].

Relembrando que desde 26 de junho a imprensa de Moscou sustentava, sem o menor traço de hesitação, a tese de Pyongyang, André Fontaine deduz daí que:

> Se os dirigentes soviéticos não tivessem estado a par da iniciativa de seus protegidos coreanos, tinham sido obrigados a definir sua atitude. Os jornais chineses, em compensação, esperaram conhecer a atitude rusa para assumir as mesmas posições[3].

Assim, parece que, se não a iniciativa, pelo menos a concordância teria partido de Moscou.

Admitindo que tivessem tomado eles mesmos a decisão — e não temos, parece, outra alternativa a não ser entre essas duas hipóteses —, os dirigentes comunistas não tinham previsto as repercussões do ataque de 22 de junho. Já em 1939, Stalin tinha se enganado: tinha acreditado que a Finlândia teria sido obrigada a capitular no prazo de alguns dias, sem que os ocidentais tivessem tempo de intervir. Teria, em 1950, fundado sua atitude no deplorável discurso de Dean Acheson? Ninguém pode dizê-lo. Além disso, Stalin ignorava que em abril de 1950 o Conselho de Segurança Nacional dos Estados Unidos tinha tomado decisões que implicavam numa mudança considerável nos conceitos estratégicos. A declaração de Dean Acheson de 12 de janeiro de 1950 anunciava, ou parecia anunciar, a adoção de uma estratégia periférica, ou seja, uma estratégia que se baseava nos armamentos nucleares e no abandono progressivo dos meios não nucleares. Mas o Conselho de Segurança Nacional tinha decidido a reconstituição de um corpo de batalha, isto é, de um equilíbrio entre os meios nucleares e os meios não nucleares. O relatório aprovado por esse Con-

---

2. André FONTAINE: *Histoire de la guerre froide*, vol. II, p. 14.

3. *Id.*, p. 14.

selho — o documento N.S.C.-68, do qual não tinham conhecimento os espiões soviéticos — alocava às despesas com armamentos 20% da renda nacional e fazia com que o orçamento militar passasse de 13 a 50 bilhões de dólares. Não era uma decisão de princípios, e a partir de 27 de junho, as forças americanas foram capazes de se opor às tropas norte-coreanas, com um potencial não nuclear que não tornava inevitável o recurso ao armamento nuclear. Seja qual tenha sido o papel da União Soviética no desencadeamento da guerra da Coréia em 25 de junho de 1950, é evidente que a iniciativa ou a concordância de Moscou (Pequim parece ter "acompanhado" a atitude da U.R.S.S.) se inscrevia na continuidade anteriormente mencionada por nós. Tendo tomado consciência do risco de guerra geral, decorrente de qualquer recurso à força, na Europa, em seguida à criação da O.T.A.N., a União Soviética tinha interrompido, momentaneamente, as suas iniciativas européias e, fiel ao ritmo pendular de sua diplomacia, tinha dirigido seus esforços no sentido da Ásia. A guerra da Coréia seria, assim, a resposta dada pela União Soviética à reação coletiva de defesa traduzida pela assinatura do tratado de Washington em 4 de abril de 1949.

III. POR QUE A BOMBA DE HIDROGÊNIO?

No período 1946-1947, a diplomacia americana traduzia menos uma política, no sentido estrito do termo, do que um estado de espírito. Com respeito à União Soviética, o *containment* era uma disposição no sentido de deter a expansão, na esperança de que a imobilização da expansão conduziria a uma transformação do regime, pelo menos em alguns de seus aspectos. Estabilizar as relações era obrigar a União Soviética a admitir um mundo diferente daquele em que vivia e que sonhava em estender a todo o planeta: em lugar da divisão e dos conflitos entre os Estados não comunistas, uma unidade cada vez mais reforçada criaria as novas condições para as relações internacionais. Nesse nível político, a luta era menos contra o comunismo do que contra a desordem, a anarquia e a miséria. Se a iniciativa fosse bem sucedida, o próprio comunismo teria, assim, se modificado, uma vez que não encontraria mais sua justificação. Este aspecto —

freqüentemente sublinhado por George Kennan — inspirou o discurso de Harvard e o Plano Marshall. Porém, existia também um problema de relação de forças. O plano previsto não podia se realizar sem proteção. Se a Alemanha, em particular, devia ser conduzida por esse caminho, deviam-se prever riscos de conflito com a União Soviética. Nesse domínio, a política do *containment* se opunha, desde o início, à doutrina que não era, ainda, a das represálias maciças, mas que conferia, já, à arma nuclear a responsabilidade da manutenção da paz. Era, escrevia George Kennan,

uma política de barragem cujo objetivo era colocar diante dos russos uma força de resistência intransponível, em cada ponto onde pretendam usurpar os interesses de um mundo pacífico e estável[4].

Essa barragem não era apenas militar mas, na medida em que devia sê-lo, não podia se limitar a uma ameaça geral, devia ser adaptada às circunstâncias. R. J. Oppenheimer, que após o revés do Plano Baruch tinha se tornado um dos partidários mais eloqüentes da política de *containment*, estava convencido de que ela não poderia ter êxito, senão graças a um aparelho militar diversificado, que permitisse diversos tipos de resistência. Estaríamos fazendo uma caricatura dessa política, se a identificássemos ao método de "tapa-buracos", em termos militares. A idéia era opor a uma força, que empregava todos os tipos de meios antes de recorrer às armas, uma força equivalente, ela também multiforme, ou seja, política, econômica, social, psicológica e, também, militar, desde que isso se tornasse necessário.

Desde sua origem, a estratégia americana tinha sido atraída para duas direções opostas. Uma, a dos aviadores, dos isolacionistas e dos partidários de economias orçamentárias, colocava todas as suas esperanças na arma nuclear, freio único e total a qualquer expansão soviética. A outra, a dos numerosos cientistas, de diplomatas como Dean Acheson e dos militares das forças terrestres e da marinha, favorecia um armamento diferenciado, que permitisse evitar a opção (no seu entender, inaceitável) entre a catástrofe e a capitulação. Porém o *containment*,

4. KENNAN: *The sources of soviet conduct*, em *The Soviet Union*, 1922-1962, pp. 183-184.

adotado como política, não se tornou uma estratégia. O primado da arma nuclear não se estabeleceu entre 1945 e 1950.

Durante a guerra da Coréia, quando prevalecia, ainda, a estratégia predominantemente nuclear, dois acontecimentos suscitaram, no outono de 1949, um debate no governo americano. O triunfo de Mao Tse-tung na China e a explosão da primeira bomba nuclear soviética conduziram ao primeiro plano a questão da bomba de hidrogênio. Questionados por Truman, os cientistas se dividiram em três tendências. Alguns, juntamente com Teller, eram a favor da nova arma. Os outros, com Oppenheimer, sustentavam seu ponto de vista sobre a necessidade de um armamento adaptado a uma guerra não nuclear e limitada, e propunham o desenvolvimento de armas nucleares táticas. Os terceiros, por fim, muito minoritários eram favoráveis a uma nova negociação com a União Soviética, antes que fosse tomada qualquer decisão. Truman optou pela primeira tese, sem rejeitar inteiramente a segunda. Os estudos realizados segundo essas premissas, que conduziram à elaboração do relatório N.S.C.-68, permitiram, no momento da guerra da Coréia, constituir unidades capazes de participar eficaz e rapidamente da luta.

Truman se mostrou ainda maior defensor dessa tese, na medida em que se multiplicavam os sinais da agressividade comunista, uma vez que os dirigentes americanos viviam na crença de que os soviéticos não chegariam a recorrer à força. Em outubro de 1950, quando as tropas chinesas invadiam a Coréia, elas invadiram, ao mesmo tempo, o Tibete. Foi também em outubro de 1950 que o Viet-minh, reconhecido por Stalin, alguns dias após Mao Tse-tung tê-lo feito, como "governo da República Democrática do Viet-Nam", infligiu ao exército francês sua primeira grave derrota, tomando as cidades de Cao Bang e Lang Son. A situação não era menos preocupante na Europa. Os incidentes se multiplicavam nas fronteiras da Iugoslávia. Na Áustria, o P.C. lançava uma greve insurrecional. O Marechal Rokossovski era nomeado comandante-em-chefe do exército polonês[5]. Os satélites da União Soviética tinham sido antecipa-

---

5. Foi apenas mais tarde que se soube que os dirigentes de Varsóvia tinham, eles mesmos, pedido nomeação (Rokossovski era de origem polonesa) com o objetivo de desfazer a descon-

damente rearmados, o que violava os tratados de paz, as unidades policiais tinham sido substituídas por unidades militares que dispunham de veículos blindados. Tudo levava a crer que a Europa seria palco de uma reedição do "golpe da Coréia". A operação comunista de 25 de junho de 1950 tinha posto em evidência a fragilidade dos dispositivos militares ocidentais. Os Estados Unidos não dispunham de mais que uma dezena de divisões prontas para entrar em combate. Na primavera de 1951, a parcela mais importante de suas forças estava engajada na Coréia, o restante encontrava-se na Alemanha. No próprio território americano, não se podia contar com mais de uma divisão.

Em 31 de janeiro de 1950, Truman tinha anunciado sua decisão de empreender a fabricação de uma bomba termonuclear que seria 200 vezes mais potente que a de Hiroshima. Quatro dias antes, o físico Klaus Fuchs tinha confessado à polícia britânica que, durante sete anos, tinha transmitido a Moscou informações sobre os trabalhos conduzidos nos Estados Unidos no sentido da utilização militar da energia nuclear, e podemos imaginar que a declaração de Truman (no que se refere à sua data, e não à sua essência) visava anular o impacto dessas revelações sobre a opinião pública. À parte esse fator estritamente conjuntural, o argumento essencial foi o levantado pelo General Bradley, segundo o qual os soviéticos conseguiriam uma vantagem estratégica decisiva se conseguissem ser os primeiros a fabricar essa nova arma.

Porém a posse de uma bomba de hidrogênio em condições operacionais não assegurava aos Estados Unidos superioridade tão decisiva quanto a que tinham desfrutado até 1949 em função do monopólio nuclear, e que deveria se prolongar até o momento em que a União Soviética pudesse dispor de bombardeiros ou de foguetes capazes de alcançar o território americano. O que estava em jogo era o que viria a ser chamado o "equilíbrio do terror". Era necessário encontrar uma compensação para contrabalançar a superioridade que a União Soviética possuía, em termos de armamentos não nucleares: esta compensação só podia ser encontrada mediante a ampliação do potencial não nuclear da O.T.A.N. e, portanto,

fiança de Stalin com relação a eles e de proporcionar uma espécie de escudo.

mediante um novo esforço militar dos aliados europeus dos Estados Unidos. Ainda mais, era necessário que os Estados Unidos definissem o conceito estratégico segundo o qual se faria a inserção do armamento nuclear no conjunto de suas forças. Em 12 de janeiro de 1954, perante o "New York Council for Foreign Affairs", o então Secretário de Estado, Foster Dulles, expunha a teoria das "represálias maciças": tudo ou nada, ou haveria uma guerra nuclear ou não haveria guerra. A superioridade e a invulnerabilidade dos Estados Unidos justificavam essa teoria. Na verdade, essa doutrina nunca foi aplicada: ainda que materialmente possível, ela não o era, porém, do ponto de vista moral e político. Os Estados Unidos não podiam responder com o apocalipse nuclear a uma agressão local, em uma zona que não era de um interesse vital para eles. O curso da guerra da Indochina não foi influenciado pela superioridade nuclear americana. O temor da extensão do conflito contribuiu para manter as hostilidades dentro de certas dimensões e abaixo do limite de nuclearização. Ocorreria o mesmo, na Europa? Os dirigentes americanos sempre sustentaram que não hesitariam em recorrer aos armamentos nucleares, em caso de uma agressão soviética. Os dirigentes soviéticos redobraram as provocações, porém não passaram à ação. Se a "dissuasão total" não desempenhou nenhum papel fora da Europa, ela o teve, na Europa. Isto supunha:

— que a relação aposta-risco fosse absoluta, e considerada como tal pelo eventual agressor e pelo eventual agredido, sendo essa caracterização "absoluta" estabelecida pelo segundo e aceita pelo primeiro;

— que o limite de nuclearização fosse fixado ao nível de uma agressão não nuclear;

— que fosse assegurado aos dirigentes soviéticos que seria dada uma resposta nuclear a qualquer agressão, mesmo que esta tivesse utilizado meios limitados.

Essas considerações revelaram sua racionalidade na Europa. A mesma racionalidade condenou a ameaça nuclear fora da Europa.

IV. O PLANO DE DEFESA DO
"NEW APPROACH GROUP"

Não foi senão pouco a pouco que as possibilidades nucleares foram inseridas em um plano de conjunto, e ficou demonstrado, contudo, que não era suficiente a simples evocação da "bomba". É por esse motivo que o General Gruenther, sucessor de Eisenhower na chefia das forças da O.T.A.N., criou um grupo de trabalho encarregado de estudar as implicações militares da revolução estratégica que se anunciava. O N.A.G., *New Approach Group*, estabeleceu um novo conceito estratégico de defesa, o qual foi submetido aos governos membros da O.T.A.N. por ocasião da sessão ministerial do Conselho Atlântico de dezembro de 1954. O estudo deste novo conceito estratégico foi realizado levando em conta quatro fatores principais:

— O adversário tinha a iniciativa, ou seja, os ocidentais não seriam os agressores. Além disso, possuía, e conservaria por muito tempo, uma grande superioridade no domínio não nuclear, alcançando pelo menos a paridade no campo nuclear.

— Tratava-se de resistir "tão a leste quanto possível" ou, mais genericamente, tão próximo quanto possível da "cortina de ferro", uma vez que não se podia admitir a hipótese de sacrificar uma parte dos territórios dos países membros da O.T.A.N. Uma estratégia de resposta seguida por uma reconquista devia ser proscrita, pois nenhum dos países da Aliança expostos aos golpes do adversário poderia aceitar os custos de uma ocupação, ainda que temporária, de seu solo.

— A ameaça adversa, sob todas as suas formas, poderia ter uma longa duração, e era preciso eliminar todos os sistemas defensivos que exigissem esforços financeiros e humanos que os países da Aliança não teriam sido capazes de sustentar por muito tempo.

— Esse plano de defesa da Europa devia ser fundado nas possibilidades reais dos países da Aliança e não sobre os desejos dos estados-maiores. Pode-se estabelecer um projeto estratégico levando em conta as estimativas das necessidades. Mas ele pode também ser estabelecido mediante uma resposta à seguinte pergunta: com as forças armadas de que dispõem os países membros da Aliança, o que poderemos fazer e o que será necessário fazer para desencorajar a agressão e, eventualmente, para limitar seus efeitos e finalmente para devolvê-la ao agressor. Foi esta segunda opção intelectual a escolhida pelo alto comando.

Permanecer tão próximo quanto possível da "cortina de ferro", frente a forças numericamente superiores e, além disso, dotadas de armas nucleares, exigia que fosse dada prioridade à força nuclear, sendo que aos meios convencionais ficaria reservado o papel de apoio em caso de necessidade. Porém o recurso automático às armas nucleares diante de um ataque de grande dimensão descompunha os dados até então admitidos em matéria estratégica e tática. Os fatores principais dessa alteração foram assim analisados pelos especialistas do N.A.G.

— Sabendo que ele será respondido por meios atômicos no caso de qualquer agressão importante de sua parte, ou o adversário permanecerá no *status quo* ou utilizará, ele próprio, suas armas nucleares, pois não poderia, racionalmente, sofrer os efeitos sem procurar minimizá-los. Seria, portanto, muito grande a probabilidade de que, no caso de um conflito grave, as armas nucleares fossem utilizadas desde o início.

— O envolvimento automático das forças estratégicas americanas não podia ser colocado em questão[6]. Não se via com bons olhos a possibilidade de o adversário isolar a Europa Ocidental e tomando-a como seu único objetivo, arriscando-se a desencadear as represálias americanas que, naquela época, não teriam sido seguidas de contra-represálias soviéticas. O ataque contra a Europa seria precedido ou acompanhado de uma ofensiva contra os meios de represálias americanas onde quer que eles se encontrassem, ou seja, na Europa e nos Estados Unidos. Era, portanto, de importância capital o reforço dos meios de alerta e de detecção de modo a tornar impossível o ataque soviético contra as forças de represálias.

Se a detecção e o aumento da duração do alerta eram primordiais, em contraposição, a defesa ativa contra as incursões do adversário perdia sua importância. Não se podia, então, conceber um sistema defensivo constituído por uma malha tão cerrada que pudesse filtrar uma

---

6. O ano era 1954, os mísseis balísticos intercontinentais ainda não existiam.

"quantidade de destruição" que fosse possível suportar sem correr o risco de aniquilamento em virtude da mesma. A análise mostra que, com efeito, multiplicando-se os meios de defesa ativa por 100, não seria possível sequer decuplicar seus efeitos. A partir do momento em que um pequeno número de projéteis podia ocasionar uma devastação considerável, reduzindo a eficácia da defesa a 50% — o que era já considerável — obrigava-se, simplesmente, o adversário a duplicar seu esforço nuclear. E se cerca de quarenta cargas explosivas fossem suficientes para anular as possibilidades de resposta aliada na Europa Ocidental, uma defesa ativa duas vezes mais eficaz teria, simplesmente, conduzido o adversário a lançar 80 projéteis ao invés de 40. Entre os meios de ataque e os de defesa ativa, a disputa estava perdida por antecipação. Nesse caso, era melhor, pela dispersão, pelo segredo, pela mobilidade, "impedir que o inimigo saiba onde deve atacar" — *To deny the enemy the knowledge of where he has to strike*", segundo as palavras do próprio General Gruenther — do que tentar interceptar as cargas explosivas adversas em pleno vôo.

Em virtude do enorme poder de destruição das armas nucleares, pareceu ao grupo de trabalho N.A.G. que as operações de combate organizado teriam uma duração breve. As forças armadas existentes eram, então, as únicas que contavam, parecendo, desde então, ilusório qualquer apelo às fábricas de armamentos.

Ainda assim, devido ao fato de que as armas nucleares possuem um grande poder de destruição por unidade de fogo e por causa do número relativamente pequeno necessário para produzir devastações extensas, a "agressão-surpresa" parecia, ao mesmo tempo, possível e racional para um adversário determinado a jogar tudo por tudo. O desenvolvimento do estado de alerta das forças aliadas devia, portanto, dar conta dessa hipótese e esforçar-se em torná-la inaplicável, na medida em que não oferecesse ao adversário objetivos militares facilmente destrutíveis.

De ambos os lados, a destruição dos meios nucleares, cuja finalidade era alimentar as represálias e contra--represálias, constituía o objetivo essencial e prioritário de qualquer utilização da força armada. O agressor não podia se arriscar a desencadear uma represália cujos efeitos não tivesse limitado preventivamente, tendo sucesso em destruir os instrumentos adversários antes que servissem contra si. Se havia dissuasão, ela residia em subtrair constantemente ao ataque inimigo de surpresa as forças armadas ocidentais, especialmente seus elementos nucleares.

A defesa tão a leste quanto possível implicava o deslocamento quase até a "cortina de ferro" de forças terrestres e aeroterrestres cuja disposição e abastecimento permitissem, ao mesmo tempo, tornar difícil o sucesso de um ataque de surpresa e proporcionar o tempo necessário para que se fizessem sentir "na vanguarda" os efeitos do confronto nuclear. Mobilidade, fluidez, alocação de meios para defesa do território a ser protegido, portanto, deviam ser a característica das forças terrestres "da vanguarda".

Por fim, o grupo de trabalho N.A.G. terminou por estabelecer uma clara distinção entre a "defesa" e a "dissuasão", sendo a segunda uma parte da primeira, devendo a defesa comportar, ao mesmo tempo, os meios para desencorajar a agressão e, em caso de um revés, para combater de modo eficaz, no sentido de minimizar os efeitos da ação adversa.

Essas primeiras conclusões eram importantes. Elas anulavam totalmente as idéias anteriormente adquiridas sobre as formas que a guerra assumiria. A tensão não mais precedia as hostilidades, na medida em que não era possível a mobilização humana e material. Não apenas o poder das massas armadas era recolocado em questão, porém, ainda, essas massas concentradas tornavam-se uma carga e um perigo. Não mais havia um equilíbrio entre as armas de ataque e as de defesa; as primeiras superavam em larga medida as segundas. A agressão, enfim, podia se mostrar menos possível e menos racional, na mesma medida em que a parte que se encontrava na defensiva sabia ser melhor subtrair suas próprias forças de represálias à destruição. Em suma, tudo, ou quase tudo, tinha se modificado, e se a Europa podia ser defendida, isso só poderia ocorrer mediante o recurso a uma estratégia de utilização das armas e das unidades bastante diferente daquela que a Segunda Guerra Mundial tinha legado aos vencedores desunidos.

V. CINCO IMPORTANTES EVENTOS

Em uma dezena de anos, cinco eventos importantes transtornaram a situação das relações Leste-Oeste, no que se refere a questões de estratégia.

O primeiro deles é a perda do monopólio nuclear de que dispunham os Estados Unidos. Ainda que a primeira explosão nuclear soviética tenha ocorrido em 1949, foi apenas 4 ou 5 anos mais tarde que a União Soviética pôde dispor de um arsenal nuclear, ou seja, pôde dar uma expressão concreta a suas experiências. Por outro lado, a defesa ocidental repousava sobre a premissa de uma intervenção nuclear americana na Europa em caso de agressão, premissa que era válida antes da ascensão da União Soviética à condição de potência nuclear, mas que se achava colocada em questão a partir dessa ascensão.

Pela primeira vez após os Estados Unidos terem intervindo em todas as questões mundiais, eles se tornaram, em 1960-1961, diretamente vulneráveis a um ataque proveniente do exterior. Até então, podiam intervir no mundo inteiro enviando um corpo expedicionário fora do território nacional, sabendo que esse território nacional permaneceria em qualquer eventualidade fora do alcance inimigo. Sem dúvida, a partir de 1955-1956, os bombardeiros soviéticos podiam alcançar as aglomerações americanas porém, na maioria dos casos, tratar-se-ia de uma missão sem retorno e, sobretudo, permitindo grandes prazos de alerta à defesa. Nessa época, as margens de tempo de alerta, conforme os pontos do território americano que fossem visados, eram da ordem de 5 a 7 horas: elas eram, portanto, suficientes para que fossem tomadas medidas defensivas. Em 1960-1961, esses prazos tinham se reduzido consideravelmente, passando a cerca de quinze minutos. As bases avançadas não tinham mais qualquer sentido, na medida em que não existe nenhum modo de interceptação contra os mísseis deslocando-se a uma velocidade superior à do som. Uma vez que a geografia não mais assegurava a inviolabilidade dos Estados Unidos, eles só podiam tentar recuperá-la por meio do poder nuclear, através da ameaça de represálias.

A miniaturização dos engenhos nucleares estabeleceu a continuidade entre o sistema molecular e o sistema nuclear. Essa continuidade nos meios de destruição permite imaginar que um conflito entre grandes forças beligerantes, quase igualmente providos de uma mesma gama de recursos convencionais e nucleares, era impossível. De fato, não se podia conceber que um dos beligerantes envolvido em um conflito menor ou marginal aceitasse uma derrota sem recorrer às suas armas mais potentes. E como essas armas existiam de ambas as partes, e ambas sustentavam o mesmo raciocínio, não era mais possível conceber outro desenlace para uma tal confrontação, senão a capitulação de um ou de outro dos beligerantes ou a "escalada" comum rumo ao desastre mútuo. Parecia, assim, que uma confrontação direta entre os Estados Unidos e a União Soviética era, senão impossível, pelo menos bastante improvável. Mas, ao mesmo tempo, parecia lógico supor que os Estados Unidos não desejariam absolutamente se comprometer, na Europa, em um conflito que poderia se amplificar pelo jogo da "escalada" até um estágio tal em que haveria uma troca de golpes diretos entre os territórios dos Estados Unidos e da União Soviética. A probabilidade de ocorrência deste conflito final seria maior, na medida em que os mísseis balísticos de longo alcance tinham eliminado a solução de continuidade geográfica que existia entre o velho e o novo mundo. Foi em virtude dos perigos inerentes a essa "escalada" que os Estados Unidos elaboraram, em larga medida, uma nova estratégia, procurando por todos os meios eliminar os "degraus" inferiores da "escada" nuclear, para que não viessem a se comprometer, na Europa, em um conflito suscetível de alcançar uma nuclearização total. Isso explica a tendência no sentido de uma espécie de "estratégia periférica", praticada juntamente com a estratégia da "presença nuclear": o projeto de uma força nuclear unilateral respondia em parte a essa tendência, porém não excluía a "presença nuclear" na Europa, que garantia a segurança da Europa na medida em que testemunhava a permanência do compromisso americano na Europa.

Todos os estudos e todas as experiências foram confirmadas pelos ensinamentos retirados das manobras: é impossível combinar os meios e as doutrinas da guerra convencional com os da guerra nuclear. De fato, as forças convencionais só possuem alguma eficácia se elas forem interligadas e alimentadas por um pesado sistema logístico, sendo o conjunto vulnerável a umas poucas cargas nucleares. Da mesma forma, as forças nucleares, se podem dissuadir a agressão, podem desempenhar um papel apenas limitado na condução de operações convencionais, uma vez esgotada a dissuasão. Portanto, impõe-se uma escolha antecipada, e um teatro de operações deve ser declarado teatro nuclear ou teatro convencional, pois seria praticamente impossível passar de um sistema ao outro.

Enfim, tanto do lado americano como do lado soviético, desenvolvem-se esforços no sentido de garantir a invulnerabilidade dos respectivos meios de represálias. Como é vital para os dois campos alcançar esse objetivo, é certo que eles não pouparão nenhum esforço. Isso significa que restariam como objetivos apenas as aglomerações, fato esse que impõe a permanência do *status quo* — *status quo* que Kruschev iria mais tarde definir como a "coexistência pacífica". Porém decorre daí uma certa paralisia, no que diz respeito às garantias reais que os dois Grandes podem oferecer a seus aliados nos sistemas em que eles constituem o elemento dominante. O raciocínio técnico e o raciocínio político se reencontram, e é nesse ponto de reunião que se situa a crise da Aliança Atlântica. Mas essa crise só pode ser compreendida no quadro geral da afirmação da lógica nuclear.

VI. QUE GARANTIA OFERECIAM OS ESTADOS UNIDOS À EUROPA?

Novamente em 21 de novembro de 1957, Foster Dulles declarava que a resposta das forças americanas a uma agressão soviética seria automática. Muito rapidamente, essa proposição tornou-se anacrônica por diversas razões de ordem científica e técnica, militar e política. Se a salvaguarda dos interesses vitais dos Estados Unidos o exigisse, as armas nucleares seriam utilizadas. Divergindo dos pontos de vista do General Taylor, o governo dos Estados Unidos chegou à conclusão de que os interesses vitais dos Estados Unidos estariam correndo risco se o conjunto dos territórios da zona da O.T.A.N. fosse diretamente ameaçado e, *a fortiori*, vítima de uma agressão. Mas as forças não nucleares dos países membros da O.T.A.N. são insuficientes, podendo essa insuficiência obrigar o recurso às armas nucleares, o que deveria ser evitado. A resposta a uma agressão na Europa não seria mais automaticamente nuclear. Além disso, essa resposta, devido à extensão das destruições por ela implicadas, só poderia ser decidida após a realização de consultas entre os aliados. Uma vez que isso exigiria tempo, era ainda mais necessária a existência de um forte tampão de forças convencionais, único recurso capaz de proporcionar o lapso de tempo necessário à reflexão dos governos e às consultas interaliadas. Enfim, essa multiplicação das forças convencionais era igualmente necessária à luz dos ensinamentos retirados das experiências da Coréia, do Viet-Nam do Sul, do Laos, do Líbano, de Cuba.

Assim, exerceu-se um esforço no sentido de modificar os conceitos até então em vigor. Tratava-se, antes de mais nada, de conseguir um aumento das forças não nucleares no setor da Europa Central. Washington se baseava nas estimativas dos documentos secretos MC-48 e MC-70, ambos derivados do plano de 1954 — o qual previa reformas de estrutura que não tinham sido realizadas. O argumento segundo o qual os efetivos exigidos eram indispensáveis para fazer frente a uma "agulhada" parecia sem fundamento para alguns: qual seria a gravidade dessa alfinetada que faria com que se opusessem, no setor da Europa Central, até 75 grandes unidades terrestres? Por outro lado, o paralelo estabelecido entre a Europa, por um lado, e a Coréia, o Viet-Nam do Sul ou o Laos, por outro, não podia deixar de inquietar os europeus, parecendo-lhes essa comparação tanto mais inadmissível na medida em que o adversário não era, na Europa, um terceiro país, mas a própria União Soviética, e que eles não estavam dispostos a admitir que o território europeu pudesse tornar o motivo de uma guerra do tipo coreano.

A "pausa" constitui-se na segunda tentativa de retorno aos compromissos assumidos no contexto dos documentos MC-48 e MC-70. Enquanto tinha ficado claro que toda agressão seria respondida imediatamente por meio de armas nucleares, segundo o conceito da "pausa" a primeira resposta seria convencional, haveria consultas entre os aliados e haveria negociações entre os adversários, antes de se recorrer às armas nucleares. Para alguns europeus, esse conceito era perigoso: o adversário sabia que não corria nenhum risco ao tomar a iniciativa de uma agressão, devendo os Aliados, em qualquer hipótese, se opor ao emprego das armas nucleares, com exceção daqueles cujo território fosse diretamente ameaçado. A "pausa", segundo eles, tranqüilizava o adversário, e proporcionava aos Estados Unidos grande probabilidade de evitar ter que recorrer às armas nucleares, a pedido da maioria dos próprios europeus. Tratava-se, portanto, de uma solução que satisfazia aos dois Grandes em detrimento dos países da Europa Ocidental, os quais ficavam diretamente ameaçados.

A recusa americana no sentido de empreender a modernização das forças nucleares táticas alocadas no território europeu foi uma outra resolução que se inscrevia na mesma política. Como o General Norstad defendia essa modernização e a instalação de mísseis de médio alcance, ele deixou seu comando prematuramente — seu duplo comando, o das forças da O.T.A.N. na Europa e o das forças americanas na Europa.

Em 1957, a ameaça soviética à Europa parecia muito maior do que os meios convencionais de que dispunha o comando aliado na Europa, e não era possível esperar nenhuma melhoria nessa situação se se continuasse a contar unicamente com os meios convencionais. Ora, nos Estados Unidos já tinham sido concluídos os trabalhos para que as armas nucleares táticas alcançassem o estágio operacional, e estas podiam ser distribuídas às unidades. Isto se dava no quadro do plano MC-70, elaborado sob a direção do General Norstad, visando eliminar o déficit em forças convencionais pelo equipamento de armas nucleares táticas, devendo estas proporcionar às grandes unidades da O.T.A.N. uma potência de fogo superior à das unidades soviéticas. Ficava então estabelecido que se os Aliados iriam dispor de rampas de lançamento, as ogivas nucleares permaneceriam sob o controle direto dos Estados Unidos.

A ameaça do surgimento de novos artefatos estratégicos impunha a implantação dos M.B.I.R. na Europa. Em 19 de dezembro de 1957, o Conselho Atlântico adotou o princípio da instalação desses artefatos nos territórios dos Aliados que o aceitassem. O problema do controle devia ser regulamentado por acordos bilaterais entre os países interessados, ficando acertado que as armas ficariam sob a responsabilidade das tropas americanas. A Itália, a Turquia, a Grã-Bretanha receberam assim foguetes "Atlas". A França não aceitou o princípio do "duplo controle"[7], podendo este ser definido como os dois consentimentos necessários para a utilização dessas armas: a concordância do país em cujo território elas estavam instaladas e a dos Estados Unidos, detentores de suas cargas nucleares. As discussões permitiram a Paul-Henry Spaak (Secretário Geral da O.T.A.N.) sugerir em 4 de novembro de 1957 que as ogivas nucleares fossem guardadas não sob o controle americano, mas sob o controle da O.T.A.N. Foi dentro de uma perspectiva política bastante semelhante que em agosto de 1959 o General Norstad propôs a transformação da O.T.A.N. na "quarta potência nuclear": os M.B.I.R. "Polaris" dotados de base em terra seriam vendidos aos Aliados ou construídos na Europa sob licença americana, e distribuídos entre os exércitos aliados, permanecendo as ogivas nucleares, evidentemente, sob o controle americano (como conseqüência da "lei MacMahon"). Esse projeto foi calorosamente apoiado por Paul-Henry Spaak e pelo chanceler Adenauer. Ainda que a Grã-Bretanha e os países do Benelux tenham se mostrado reticentes em virtude do custo implicado por essa proposição, e ainda que o General de Gaulle tenha retomado os argumentos de Félix Gaillard, em dezembro de 1960, por ocasião da sessão ministerial do Conselho Atlântico, Christian Herter, Secretário de Estado, endossou o princípio de uma força nuclear posta à disposição da O.T.A.N. Era o primeiro passo em direção a essa força nuclear multilateral cuja criação iria, até 1963, suscitar tantas controvérsias. Realmente, Christian Herter:

— apresentou a oferta dos Estados Unidos de entregar à O.T.A.N., antes do fim de 1963, uma força provisória de cinco submarinos atômicos equipados com um total de 80 foguetes "Polaris", ficando sua eventual utilização submetida às mesmas condições que a VI Frota dos Estados Unidos, o que significava que em caso de guerra seriam postos à disposição do comando supremo;

— comprometeu-se a manter à disposição da O.T.A.N. as reservas nucleares já alocadas.

---

7. Essa recusa foi expressa em 13 de dezembro de 1957 por Félix Gaillard, presidente do Conselho, perante a Comissão para Negócios Estrangeiros da Assembléia Nacional (cf. *L'anné politique*, 1957, pp. 481-484). A primeira dificuldade séria entre a França e a O.T.A.N. foi, assim, anterior ao retorno do General de Gaulle ao poder em maio de 1958.

VII. DAS DESVENTURAS BRITÂNICAS À FORÇA MULTILATERAL

No curso do verão de 1961, correu o rumor em Washington de que os Estados Unidos iam abandonar o projeto do foguete "Skybolt". A Grã-Bretanha tinha já recebido mal as recriminações de Robert McNamara contra as forças nucleares nacionais. Porém as idéias permaneciam confusas, e durante o verão de 1961, a crise de Berlim tinha lançado luz sobre algumas dificuldades da reação européia. Todos estavam de acordo sobre o fato de que um bloqueio soviético de Berlim Ocidental era necessário responder com uma reação violenta sobre a auto-estrada, mas enquanto o General Norstad desejava que essa reação servisse para criar uma situação que permitisse, se necessário, a utilização do armamento nuclear, o presidente Kennedy e Robert McNamara a desejavam, ao contrário, para retardar essa eventualidade. Assim, a política Kennedy-McNamara, concebida para reduzir a ameaça de conflito nuclear e para se adaptar ao polimorfismo da ação soviética, provocava confusão e inquietude. Aos olhos dos europeus, a questão do controle nuclear tornava-se crucial. Caberia a Harold Macmillan fazer dela o centro das controvérsias atlânticas.

Engenhos de características semelhantes, cuja custosa coexistência podia ser explicada apenas pela concorrência de seus respectivos fabricantes, o "Thor" e o "Júpiter" eram de construção totalmente americana. A Grã-Bretanha tinha decidido substituí-los por um "foguete nacional", o "Bluestreak", que esperava mesmo vender à França, se não dividir com ela ou com a O.T.A.N. a fabricação do mesmo. Ao renunciar à produção de um submarino lança-foguetes, e ao concentrar seus esforços no "Bluestreak", o gabinete Macmillan tinha tomado, no início de 1959, uma decisão que não iria tardar a se mostrar plena de conseqüências. De fato, um ano mais tarde apenas, esse foguete se mostraria anacrônico: dotado de uma base fixa, era particularmente vulnerável, ao passo que sendo seu sistema de propulsão alimentado por um carburante líquido, sua ignição exigia trinta minutos, enquanto que a Grã-Bretanha estava protegida por um intervalo de tempo de alerta de apenas alguns minutos — cerca de 5 a 7 minutos. O futuro pertencia aos foguetes dotados de base móvel e alimentados por um carburante sólido — ou que apresentassem características de camuflagem, o que não era absolutamente o caso do "Bluestreak". Em 16 de fevereiro, o governo publicou um "Livro Branco" no qual era colocado indiretamente o problema da posse de uma força nacional de dissuasão. Após ter hesitado entre foguetes terrestres, o submarino atômico e um novo bombardeiro estratégico, o governo renunciou ao foguete "Bluestreak" e questionou-se a respeito da utilidade de uma força nacional de dissuasão cujo custo se tornava exorbitante. Diante das reações suscitadas por esse questionamento, o Ministro da Defesa, Watkinson, teve que declarar perante os Comuns em 27 de abril que "a Grã-Bretanha não tem a intenção de renunciar à arma de dissuasão nacional" e anunciar que ela se propunha a encontrar novos veículos para transportar as ogivas nucleares fabricadas na Grã-Bretanha: tratar-se-ia do foguete "Skybolt", artefato lançado por bombardeiros estratégicos, ou do foguete "Polaris", lançado a partir de submarinos nucleares.

Harold Macmillan tinha se enganado uma primeira vez com o "Bluestreak", e se equivocou uma segunda vez ao optar pelo "Skybolt". Sem dúvida, procurava prolongar a vida dos bombardeiros da R.A.F., uma vez que a escolha do "Polaris" teria obrigado a Royal Navy a abandonar o porta-aviões em benefício dos submarinos. O "Skybolt" lhe parecia, sem dúvida, em melhores condições de assegurar a independência da força de dissuasão britânica, pois já se falava do "Polaris" no quadro da O.T.A.N. Nos termos de um acordo Eisenhower-Macmillan, os Estados Unidos se comprometeriam a financiar as pesquisas e desenvolvimento do "Skybolt", cabendo à Grã-Bretanha apenas o pagamento dos mísseis que viesse eventualmente a adquirir e a abertura da base naval de Holy Loch aos submarinos americanos dotados de foguetes "Polaris".

O "Skybolt" era um artefato de tal modo complexo que em janeiro de 1962 o presidente Kennedy se perguntou diante de Amery, ministro britânico da aviação, se ele jamais chegaria a ser completado... Os franceses não podiam alimentar muitas ilusões. Ainda assim, se mostraram surpresos quando em 7 de novembro McNamara recomendou a anulação do projeto, com a aprovação do Secretário de Estado Dean Rusk, anúncio tornado oficial no dia 8. Sem dúvida, o "Polaris" possuía então um raio de ação relativamente estreito (1 400 quilômetros), porém sua eficácia achava-se consideravelmente aumentada devido à mobilidade do vetor, um submarino de propulsão nuclear. O governo americano decidiu dedicar seus esforços a ele. A Grã-Bretanha não dispunha, nessa época, de nenhum foguete. Talvez pudesse receber os "Polaris", mas isso ocorreria no âmbito de uma força multilateral.

A seguir, Macmillan reencontrou-se com de Gaulle. Este último estava persuadido de que a Europa não podia contar com os Estados Unidos para assegurar sua defesa e que, em conseqüência, devia procurar fazê-lo por si própria. Com ele estava igualmente persuadido de que a autonomia estratégica da Europa causava incômodo a Washington em suas tentativas de acordo direto e global com Moscou, concluía que razões de ordem política se somavam às razões de ordem técnica pelas quais tinha sido justificada a "doutrina McNamara" (que rejeitava). Houve quem, depois, sustentasse a idéia de que de Gaulle acreditava que a Grã-Bretanha, traída em sua confiança para com os Estados Unidos devido ao abandono do "Skybolt", ia se voltar para a França para lhe propôr a fabricação em comum do vetor que teria assegurado uma progressão comum às duas forças nacionais de dissuasão. Isso era, sem dúvida, desconhecer o "apelo do grande", e Macmillan não disse uma palavra a respeito sequer. Teria de Gaulle feito alguma alusão nesse sentido? Alguns julgam que sim, mas não podemos confirmar ou negar o fato. O importante é que, devendo sustentar uma força nacional de dissuasão sem saber com que foguetes seria equipada, traído (e profundamente ofendido) pela atitude de de Gaule, Macmillan chegou a Nassau sem ter realmente preparado essa conferência. Assumiu, por sua própria iniciativa, o papel dos burgueses de Calais? Seria, sem dúvida, injusto pretendê-lo, porém não é menos verdade que chegou como quem pede. Para Kennedy, jovem presidente dos Estados Unidos, era um triunfo ver esse homem idoso, chefe do governo britânico e, além disso, conservador, vir para solicitar os meios para que a Grã-Bretanha não renunciasse a seu destino... Era, porém, um triunfo não desprovido de uma certa amargura, pois os Estados Unidos voltavam-se para a Europa com a mesma intensidade com que a Europa se voltava para os Estados Unidos. Foi Kennedy sensível à evocação de Macmillan da glória passada da Grã-Bretanha, e do papel por ela desempenhado, durante a guerra, na preparação da arma nuclear? Temia ele provocar a queda do gabinete conservador e uma crise nas relações anglo-americanas? O fato é que concordou em abrir à Grã-Bretanha uma exceção no que dizia respeito ao princípio segundo o qual os "Polaris" só poderiam ser entregues à O.T.A.N. como organização, e não a um de seus membros. Sem dúvida, Macmillan fez uma importante concessão: essas unidades seriam alocadas a uma força multilateral, juntamente com unidades americanas, e em número pelo menos equivalente. Por outro lado, o "Bomber Command" da R.A.F. seria alocado à O.T.A.N., assim como os outros meios nucleares disponíveis na Europa Ocidental. Mas ele resguardava aquilo que, moralmente e politicamente, lhe parecia essencial, ou seja, o direito de utilizar seus submarinos à sua discrição, caso julgasse estarem em perigo os "interesses nacionais supremos" de seu país. Macmillan voltou a Londres com a sensação de que tinha conseguido alcançar uma grande vitória, mas o partido conservador, e quase toda a imprensa londrina, continuava a identificar a força britânica de dissuasão ao "Skybolt".

Antes de encerrarem seu encontro, Kennedy e Macmillan decidiram oferecer a de Gaulle "Polaris" nas mesmas condições que beneficiavam Londres. Essa proposição foi apresentada em 5 de janeiro de 1963, em Paris, pelo embaixador Bohlen a de Gaulle, que não levantou nenhuma objeção e que, até mesmo, recebeu a proposta com tal complacência que, em Washington e em Londres, houve quem pensasse que a França iria se unir à força multilateral... A situação ia, muito rapidamente, se apresentar sob uma luz totalmente diversa, de Gaulle colocando o problema sobre o plano dos princípios políticos e dizendo um "não" categórico em 29 de janeiro.

Uma esquadra era a proposta dos especialistas americanos. Por quê? No plano técnico, é mais difícil operar M.B.I.R. baseados em terra do que artefatos de possibilidades idênticas instalados em navios. A camuflagem de um número importante de artefatos móveis baseados em terra é uma tarefa difícil. Todo artefato detectado constitui um perigo para a região em torno de seu local de lançamento, e é difícil encontrar na Europa Ocidental zonas suficientemente desertas para que o perigo ameace apenas as instalações militares. Por outro lado, o alerta permanente necessário aumenta ainda mais as dificuldades de camuflagem e de mobilidade dos artefatos terrestres. Do ponto de vista psicológico, a presença de ogivas nucleares em zonas povoadas facilita, para o adversário, o lançamento de campanhas de propaganda eficazes, capazes de neutralizar essas armas. O perigo evidente de um ataque contra os locais onde se situam os foguetes e a ambiguidade das estratégias contra forças ou contra cidades tornam pouco desejável esse tipo de localização. Enfim, do ponto de vista político, o controle é menos seguro em terra do que em um navio, onde é tecnicamente factível a manutenção de uma tripulação multinacional.

Porém, uma vez tendo sido concebida essa força multilateral como devendo ser constituída por submarinos nucleares equipados com os "Polaris", essa idéia inicial foi, muito rapidamente, abandonada e surgiu uma tendência no sentido da instalação dos "Polaris" em navios de superfície. O argumentos colocados a favor dessa modificação foram de ordem estritamente técnica: melhor adaptação dos navios de superfície às exigências técnicas relativas à defesa da Europa, menor custo de sua construção, maiores possibilidades de participação dos estaleiros europeus em sua construção, menor complexidade de suas redes logísticas, etc. Mas o argumento essencial, não apresentado publicamente, foi de ordem política: os submarinos de propulsão nuclear são protegidos pela legislação americana que regulamenta o segredo nuclear (a "lei MacMahon"), e era fundamental a contradição entre os imperativos desse segredo e as exigências da força multilateral. As discussões se seguiram sobre a base dessa contradição: seu fracasso estava inscrito em sua lógica.

VIII. POR QUE O MURO DE BERLIM?

A ascensão de John Kennedy à presidência dos Estados Unidos foi favoravelmente recebida em Moscou, onde se apreciou o fato de que o novo presidente não tinha se associado às confrontações dos anos precedentes. O Kremlin pôs um término à campanha antiamericana que tinha desencadeado após o fracasso precoce da conferência de cúpula de Paris; o governo soviético retirou a queixa que tinha feito na O.N.U. a propósito do incidente do avião-espião "U-2". Porém, ao mesmo tempo (discurso de 6 de janeiro de 1961), Kruschev renovava suas ameaças contra Berlim, ao suscitar a possibilidade da realização de um tratado de paz com a R.D.A., e ao exprimir o desejo de reencontrar-se com Kennedy para retomar as conversações sobre a ex-capital do III Reich. Em que medida teria o encontro Kennedy-de Gaulle repercutido sobre a atitude do presidente americano quando de seus encontros com Kruschev em Viena? Nunca se teve uma indicação precisa a esse respeito. De qualquer modo, o fato é que de Gaulle valeu-se de uma linguagem extremamente clara, afirmando que uma atitude bastante firme em Berlim não provocaria nenhuma reação soviética e pedindo a preparação de uma nova ponte aérea, a fim de que um incidente pusesse à luz as responsabilidades da União Soviética pelo agravamento da tensão[8]. As primeiras conversações de Viena constituíram-se numa confrontação no plano dos princípios, e A. Schlesinger os resumiu em poucas linhas. A Kruschev, que reclamava para o comunismo o direito de crescer e de se desenvolver, Kennedy respondeu:

> Minha ambição é a de assegurar a paz; o maior perigo reside num erro de cálculo, na possibilidade de que uma das potências faça uma idéia errônea a respeito da política da outra

— o que provocou esta reação de Kruschev:

> O Sr. quer dizer que o comunismo deveria existir apenas nos países comunistas e que seu desenvolvimento em outros lugares será considerado pelos Estados Unidos como um ato hostil? O Sr. desejaria que a União Soviética tivesse um bom comportamento, como um escolar, mas não existe uma imunização contra idéias. Ela defenderá seus interesses vitais mesmo que os Estados Unidos possam ver nisso um erro de cálculo.

Mais uma vez, o verdadeiro problema retornava ao primeiro plano, o do equilíbrio de forças. Nessas condições, teria sido surpreendente que um acordo, ainda que apenas quanto aos seus termos ou no que se refere a considerações gerais, pudesse ter sido esquematizado

---

8. Foi no curso deste encontro que de Gaulle anunciou pela primeira vez sua disposição de retirar a França da O.T.A.N., esclarecendo, entretanto, que aguardaria até que a crise de Berlim tivesse sido superada.

sobre outros problemas como a questão do Laos, o fim dos ensaios nucleares, etc. Tudo se achava hipotecado pela disposição da União Soviética de assinar seu tratado com a R.D.A. antes do fim do ano, disposição contra a qual Kennedy não podia deixar de se levantar em nome, por um lado, do estatuto de Berlim e, por outro, em função dos compromissos assumidos pelos Estados Unidos.

Moscou publicou os dois memorandos reapresentados em Viena por Kruschev a Kennedy — o segundo recolocava as reivindicações soviéticas a respeito de Berlim, porém sem fixar a data. Em 11 de junho, após ter anunciado a suspensão de qualquer redução de efetivos no exército e o aumento de um terço do orçamento militar, Kruschev se dirigiu ao Exército Vermelho em termos que se assemelhavam a uma chamada às armas. No dia seguinte, disse ao embaixador da Alemanha que as tropas soviéticas seriam deslocadas em massa para a fronteira no dia da assinatura do tratado de paz, e acrescentou:

> Veremos, então, se as potências ocidentais farão a guerra[9].

Os Estados Unidos não desejavam deixar-se envolver numa discussão bilateral da questão de Berlim, e é isso que explica o fato de que, no dia 25, Kennedy declarava:

> Se a guerra for desencadeada, ela terá início em Moscou, e não em Berlim.

É bastante evidente que Kennedy estava sujeito a diversas pressões. Se Dean Acheson, o antigo Secretário de Estado de Truman, pedia a aceitação da prova de força, persuadido de que os russos recuariam[10], apoiado nessa atitude por Dean Rusk e por Robert McNamara, por outro lado o embaixador de Moscou, Llewelyn Thompson, seus antecessores Averell Harriman e Charles Bohlen, apoiados por Mike Mansfield, líder dos democratas no Senado, pelo senador Fullbright, presidente da Comissão para Negócios Estrangeiros[11] reclamavam que fosse dada

---

9. Schlesinger, *Les milles jours de Kennedy*, pp. 328-329.

10. Dean Acheson, com o apoio do General Norstad, desejava que uma divisão fosse empregada na auto-estrada, para provar que os russos estavam blefando.

11. O governo britânico compartilhava dos pontos de vista dos pacifistas, mas nenhum testemunho de suas intervenções foi tornado público.

prioridade, não a uma ação baseada na força, mas à discussão diplomática. Foi quando ocorreu um fato que iria encorajar os russos. Em 30 de julho, por ocasião de uma entrevista televisada, Fullbright declarou:

> Eu não compreendo porque os alemães do Leste não fecham suas fronteiras, pois penso que têm o direito de fazê-lo[12].

Da mesma forma que, por intermédio de sua declaração de 12 de janeiro de 1950, Dean Acheson tinha dado a entender aos comunistas que tinham as mãos livres na Coréia, por sua declaração de 30 de julho, involuntariamente, Fullbright deu um incentivo aos comunistas. Em Moscou, o presidente da Comissão para Negócios Estrangeiros não falaria dessa forma em seu próprio nome, mas exprimiria uma opinião oficial. Dessa forma, essa declaração não foi considerada como partindo de um indivíduo falando a título pessoal, mas como traduzindo o sentimento do governo norte-americano: viu-se na proposta de Fullbright um verdadeiro convite à ação. Em 13 de agosto, à 0 h 30 min., os policiais alemães do Leste colocaram cavaletes e arame farpado ao longo de todos os 43 quilômetros da linha separatória das duas partes de Berlim. Cerca de meia hora mais tarde, a agência de notícias da R.D.A. anunciava que a fronteira permaneceria fechada até a assinatura do tratado de paz, e que o Marechal Koniev reassumia o comando das forças soviéticas estacionadas na Alemanha.

A prova de força tinha começado. A União Soviética sabia que os Estados Unidos não se deixariam pressionar. Mas ela tinha outros motivos. Depois da tensão agravar-se, mais precisamente, depois que Moscou anunciou sua intenção de assinar um tratado de paz em separado com a R.D.A., os alemães do Leste se precipitaram para os setores ocidentais. De 1º a 10 de agosto, 15 000 dentre eles tinham se refugiado no Oeste. Somente no dia 12 de agosto mais de 4 000 tinham buscado asilo no Oeste, sendo, em sua maioria, estudantes, médicos, quadros técnicos, operários qualificados, etc. Os comunistas (União Soviética e R.D.A.) não podiam deixar de tentar impedir essa hemorragia que punha em risco os planos qüinqüenais de Walter Ulbricht.

---

12. Citado por Schlesinger, p. 359.

Por que 13 de agosto? Simplesmente porque era o início de um longo fim de semana e porque os democratas não reagiriam antes de se ter um fato consumado — e é significativo, com respeito a esse particular, que as armas dos policiais da R.D.A. não estavam carregadas e que os jornais de Berlim Oriental estavam proibidos de falar do "muro", o que contribuiu para evitar qualquer intervenção durante pelo menos três dias. Em 22 de agosto, os rolos de arame farpado foram substituídos por um muro verdadeiro. Os ocidentais tinham sido colocados diante de um fato consumado. Mas os russos não se contentaram com isso. Passaram a considerar que os vôos civis deviam ser submetidos ao controle da R.D.A., o que equivalia a colocar em questão a liberdade de acesso a Berlim Ocidental. E deram à crise uma dimensão suplementar: em 29 de agosto, Kruschev anunciou que a União Soviética iria reiniciar seus ensaios nucleares, interrompidos desde o outono de 1958, e iniciar a fabricação de uma série de novas bombas de grande poder de destruição. A crise atingiu seu ponto culminante em 8 de setembro. No dia 3, Kruschev tinha dado aos Estados Unidos um prazo para proibir a utilização de seus aviões pelos alemães do Oeste, Kennedy tinha reagido ordenando o reinício dos ensaios subterrâneos. Kruschev compreendeu que tinha ido muito longe. No dia 19, confessou a Paul-Henry Spaak que tinha compreendido que os ocidentais não assinariam um tratado de paz com a R.D.A., e que isso era difícil mesmo para ele, pois isto equivaleria a um reconhecimento *de jure* do regime de Pankow, o que não desejavam os ocidentais. Os incidentes se sucederam em Berlim, porém sua gravidade ia decrescendo. A União Soviética fez explodir uma bomba atômica de mais de 50 megatons (ou seja, 5 500 vezes mais potente que a bomba lançada sobre Hiroshima). A crise tinha se desfeito, os ocidentais não tinham cedido, Kruschev tinha estado próximo do ponto de ruptura, em seguida recuou.

IX. A CRISE DE CUBA: QUEM A DESEJOU?

Se a crise em si é bem conhecida, o mesmo não ocorre com relação a suas origens. Durante diversas semanas, crescia a tensão e, em 18 de outubro durante uma entrevista com Kennedy, Gromiko tinha colocado o problema do tratado de paz com a R.D.A. — gesto constante das manobras soviéticas em período de crise. Nesse mesmo 18 de outubro, Kennedy tinha, já há dez dias, em seu poder fotografias demonstrando de maneira irrefutável a presença de foguetes estratégicos em Cuba — tendo, portanto, a União Soviética tentado recolocar a questão de Berlim no momento em que preparava uma ação nas Caraíbas.

Fidel Castro estava evidentemente perturbado pela lembrança da tentativa de desembarque dos exilados cubanos na Baía dos Porcos, tentativa na qual os serviços de inteligência americanos tinham tomado grande parte (sem, entretanto, ao que parece, ter tomado a iniciativa). Contra o risco de uma nova tentativa, Castro podia ter sido tentado a solicitar a proteção soviética, de ligar a União Soviética a seu próprio destino. Kruschev tinha se aproveitado do ensejo, e em 9 de julho de 1960, por exemplo, no ponto culminante da crise do "U-2", tinha declarado que

em caso de necessidade, os soldados soviéticos poderiam auxiliar o povo cubano com o poder de seus foguetes, se as forças agressivas do Pentágono ousassem tomar a iniciativa de uma agressão contra Cuba[13].

Fiel, sem dúvida, à sua personalidade e, mais ainda, à política soviética, Kruschev atenuou, imediatamente, essa intenção, esclarecendo que tinha se expressado "em sentido figurado". Mas um dos principais auxiliares de Castro, "Che" Guevara, aproveitou-se da oportunidade:

Invadir Cuba agora, significaria que os foguetes atômicos varreriam do mapa, de uma vez por todas, o país que representa, hoje em dia, a opressão colonial[14].

Nada transpirou sobre as reações de Moscou a esta interpretação das proposições de Kruschev. Tudo o que se pode afirmar é que Moscou se recusou obstinadamente a esclarecer qual seria a assistência implícita nas proposições de Kruschev, e isso a despeito das numerosas tentativas de Castro. Após tê-lo reencontrado, Walter Lippmann escreveu:

13. Théodoro Draper, *La révolucion de Castro*, pp. 224--225.

14. *Ibid.*

Espero não ter-me enganado ao compreender que ele queria dizer que se oporia a nós pela propaganda e pela diplomacia e que não desejava uma intervenção militar. Irei até mesmo um pouco mais longe: segundo sua óptica, é normal que uma grande potência sabote um governo hostil em sua esfera de influência.

Walter Lippmann estava tão pouco enganado que Kruschev, em uma mensagem a Kennedy, afirmava que a União Soviética não possuía nenhuma base em Cuba e que não tinha "nenhuma intenção de estabelecê-las". Por que teria modificado sua atitude?

Os americanos consideravam a presença de um regime comunista um perigo e uma provocação: pelo menos era esta a impressão que se tinha em Moscou após a leitura do relatório que Adjubei (genro de Kruschev) formulou após um encontro com Kennedy[15], notando também que esse regime afetava o equilíbrio das forças do Leste e do Oeste − e Castro afirmava que a C.I.A. preparava uma nova tentativa de invasão (alegação sobre a qual não foi dado nenhum indício nem por parte dos americanos, nem por parte dos russos, nem mesmo por Havana). Que fez Castro? A jornalistas americanos, afirmou que ele próprio tinha solicitado a instalação das bases soviéticas e tinha insistido em que fossem instalados nessas bases foguetes estratégicos, armas ofensivas capazes de atingir o território dos Estados Unidos. A um jornalista francês[16] afirmou que ele teria preferido a cónclusão de uma aliança, mas que os soviéticos tinham julgado que os foguetes seriam mais eficazes, para dissuadir uma reedição da operação da Baía dos Porcos, do que um tratado diplomático. Em seguida, nada mais foi dito ou publicado, que permita saber por que a União Soviética instalou foguetes ofensivos em Cuba − uma vez que foguetes defensivos teriam sido suficientes para responder às exigências estratégicas e táticas de uma operação de desembarque. A propósito da viagem de "Che" Guevara a Moscou, o comunicado de 3 de setembro anunciava que a União Soviética tinha concordado em fornecer armas e enviar especialistas a Cuba, para

15. Adjubei era redator-chefe do *Izvestia*, e foi encarregado de missões de "informação" cujo objetivo principal era o de lançar balões de ensaio oficiosos.

16. Jean Daniel, *L'Express*, 6 de dezembro de 1963.

proporcionar-lhe meios para fazer frente "às ameaças dos círculos imperialistas", mas não esclarecia sobre a natureza dessas armas. No dia seguinte, Kennedy declarou que segundo era de seu conhecimento não havia armas ofensivas em Cuba — Moscou respondeu oficialmente:

> Nossas armas nucleares são tão potentes e a U.R.S.S. dispõe de foguetes tão possantes para transportar essas armas que ela não tem necessidade de dispor de bases de lançamento fora de suas fronteiras[17].

Porém Castro ofereceu um outro ponto de vista:

> Nós tínhamos considerado a possibilidade de solicitar à U.R.S.S. que nos fornecesse foguetes. Não tínhamos, entretanto, chegado a nenhuma decisão, quando Moscou nos fez a proposta. Foi-nos explicado que, ao aceitá-lo, nós reforçaríamos o campo socialista em nível mundial. E uma vez que nós recebíamos uma importante ajuda do campo socialista, não poderíamos nos furtar a tal ajuda... Esta é a verdade, ainda que outras partes forneçam outras explicações[18].

Estas "outras partes" significa Moscou. Nesta questão, existe um mentiroso: Castro ou Kruschev? Ninguém sabe. Uma outra hipótese pode ser aventada, mas com muitas reservas: de pleno acordo com Kruschev, Adjubei teria dado a Castro garantias tais que este teria se tornado tão agressivo com relação aos Estados Unidos (e tão seguro de sua força) que, dessa forma, teria levado estes a reagir, o que teria liberado Moscou da existência de um comunismo que já se afirmava como pouco ortodoxo.

Os foguetes foram instalados em Cuba, os "U-2" os fotografaram[19] — mas enquanto sua natureza ofensiva (fora de proporção em relação às necessidades da defesa de Cuba) não deixava qualquer dúvida, Gromiko afirmou a Kennedy que a União Soviética não tinha outra intenção senão "contribuir para assegurar um potencial defensivo à ilha. Se fosse por outro motivo, ela não se prestaria jamais a esse tipo de assistência"[19]. A evidência da natureza ofensiva dos foguetes implicava a prova

---

17. *Keesing's*, 19.057 A. Cf.: Elie Abel: *Les fusées de Cuba*, p. 44.

18. *Le Monde*, 22 de março de 1963.

19. Schlesinger, *Les milles jours de Kennedy*, p. 720.

de força. Ainda assim, a situação não se tinha esclarecido, exatamente porque o comportamento soviético não respondia a nenhuma racionalidade. É significativo, a esse respeito, que Cuba não foi objeto de nenhum "jogo de guerra", nos Estados Unidos[20]. Do ponto de vista estratégico, a U.R.S.S. não tinha nenhum interesse em instalar foguetes de longo alcance em Cuba. Além disso, até então, nunca a União Soviética tinha instalado bases de foguetes nucleares em terras estrangeiras, mesmo que se tratasse de um de seus satélites, um membro do Pacto de Varsóvia. Por outro lado, como dizia Kruschev, Moscou podia perfeitamente fazer respeitar a integridade territorial de Cuba, por meio de seus foguetes intercontinentais, ainda que estes partissem de seu próprio território. Nestas condições, podemos ainda hoje nos perguntar por que ela colocava em mãos de um terceiro governo o poder de desencadear um conflito termonuclear. Não era necessário que Dobrinin explicasse o fato ao presidente Kennedy em 4 de setembro de 1962, pois os chefes do estado-maior americano o sabiam perfeitamente. Eles só mudaram de opinião em 14 de outubro, quando foi confirmada a presença dos foguetes em Cuba.

X. A CHINA E A GUERRA FRIA

A China Popular nunca tomou partido com relação à guerra fria. Isso, sem dúvida, se deve ao fato de que ela não alcançou sua independência senão em 1949

---

20. A *Joint War Games Agency* (Agência da Forças Armadas para Jogos de Guerra), um dos principais organismos dedicados aos Jogos, subordina-se ao estado-maior conjunto das forças armadas americanas, sediado no Pentágono. Ela está dividida em três seções. A *General War Division*, especializada nos grandes jogos estratégicos relativos a uma conflagração geral, conduz, uma vez por ano, um grande jogo coordenador, para controlar o estado de preparação das forças defensivas aéreas americanas e sua aptidão no sentido de reagir a uma ofensiva. A *Limited War Division* deve testar os planos operacionais que serão utilizados pelos comandantes-em-chefe americanos de além-mar, no caso de uma intervenção de surpresa em suas zonas. A *Cold War Division* se interessa mais pelas grandes crises internacionais do que pelas guerras "quentes" e realiza, assim, jogos político-militares. Porém

e, certamente, também porque foi apenas no final do inverno de 1959-1960 que, pela primeira vez, delegados chineses se opuseram a delegados russos em reuniões secretas de organismos diretores de organizações internacionais como o Conselho da Paz, o Comitê de Solidariedade Afro-Asiático, a Federação Mundial de Sindicatos, etc. Nesses confrontos, a questão que se colocava era, essencialmente, saber se a "campanha pela paz" (segundo a terminologia russa) devia ter, como objetivo supremo, a primazia sobre "todas as outras formas de luta revolucionária", ou se ela não devia constituir (conforme pensavam os chineses) apenas uma das múltiplas formas de luta "antiimperialista" e não devia, em caso algum, ser conduzida isoladamente, nem ser oposta a outros métodos mais militantes de ação revolucionária. Os documentos ideológicos publicados em abril de 1960 pelos comunistas chineses sobre os ensinamentos de Lenin foram concebidos como uma plataforma para essas discussões.

A polêmica em que a U.R.S.S. se envolveu, contra os "dogmáticos e os sectários", tentava criar a impressão de que a tese essencial da China era que o ponto de vista de Lenin sobre a inevitabilidade de uma nova guerra mundial guardava ainda sua validade. Isto merece ser discutido. Em cada um dos documentos chineses é citada, com aprovação, a frase da Declaração de Moscou de 1957, que se baseava em uma resolução do XX Congresso do P.C.U.S., segundo a qual, graças ao crescimento das

> forças de paz... "existe, atualmente, a possibilidade real de impedir a guerra".

Mas os chineses se mostravam contrários à fórmula do XXI Congresso, que declarava que existe atualmente a possibilidade

> de banir a guerra mundial da comunidade humana, mesmo antes da vitória completa do socialismo em todo o mundo, ainda que o capitalismo subsista em uma parte do mundo.

ela não conduziu nenhum destes exercícios a propósito de Cuba nem, por outro lado, a propósito de Berlim. Com relação a Berlim, os especialistas do Pentágono não imaginavam que os alemães do Leste pudessem construir um muro, cortando a cidade em duas. Com relação a Cuba, a instalação de foguetes soviéticos era uma hipótese que foi considerada muito pouco plausível.

Segundo os chineses, essa última fórmula significava que o sério perigo de uma guerra poderia igualmente desaparecer ainda que o capitalismo continuasse a existir. Isto fazia supor, segundo eles, uma modificação da natureza do imperialismo, e uma tal suposição lhes parecia ter que ser recusada. Ao que consideravam como "a ilusão" de Kruschev (fazer com que os dirigentes americanos aceitassem a idéia de uma "coexistência pacífica"), os chineses opunham a idéia de um imperialismo enfraquecido, é verdade, porém permanecendo fundamentalmente idêntico a si próprio. Estavam praticamente de acordo com os soviéticos quanto a considerar ser improvável um ataque geral contra o bloco soviético, mas julgavam ser sempre possível uma guerra entre as diferentes potências imperialistas e acreditavam na quase inevitabilidade de guerras coloniais contra movimentos revolucionários nacionais: apenas sustentando esses movimentos é que se poderia evitar uma guerra geral. Os chineses desenvolviam esse argumento afirmando que os comunistas recuariam diante desse apoio aos movimentos revolucionários se tivessem "medo" de uma nova guerra mundial, se "mendigassem" a paz, e se admitissem as ilusões quanto à evolução do imperialismo, ao invés de mobilizar as massas contra os "belicistas imperialistas". Essa análise comportava três objeções à política de Kruschev e às suas "concessões confusas ao revisionismo": exagera os perigos de uma guerra nuclear, o que implica o risco de enfraquecimento da resistência ao imperialismo ou, pelo menos, no perigo de conduzir a uma prudência demasiado grande; — se alimenta ilusões acerca de uma tendência "realista" a favor da "coexistência pacífica" nos países imperialistas o que implica o risco da diminuição da vigilância das forças comunistas; — como resultado desses erros, tem a tendência de confiar em que entendimentos a nível da diplomacia poderão impedir a guerra, o que conduz ao desejo de refrear as guerras "justas" de liberação dos movimentos revolucionários, ao invés de saudá-las como o meio mais eficaz capaz de debilitar o imperialismo e impedir suas guerras.

Assim, segundo os chineses, não se podia censurar um comunista pelo fato deste se encontrar com Eisenhower, mas podia-se censurá-lo por ter confiança nas intenções pacíficas do mesmo; podia-se, é verdade, propor um desarmamento geral e completo, mas não se podia permitir aos povos acreditar que esse objetivo pudesse ser alcançado. Os chineses aceitavam a campanha em favor da paz (na qual viam um dos meios da luta revolucionária contra o imperialismo), porém não faziam o mesmo com relação a uma diplomacia da paz (que podia conduzir a uma atenuação dessa luta).

Foi durante o Congresso da Federação Mundial de Sindicatos, em Pequim, que os chineses intensificaram seus ataques, através do vice-presidente (chinês) dessa organização, Ling Tchang Seng: este se mostrou vigorosamente contrário à hostilidade sem reservas a todas as guerras e se manifestou a favor de um apoio ativo às guerras "justas" de libertação. A China não era, ainda, uma potência nuclear — sua primeira bomba só explodiu em 6 de julho de 1959 — e raciocinava em termos antinucleares, mantendo-se particularmente fiel à distinção estabelecida por Lenin entre as "guerras justas" e as "guerras injustas", e rejeitando, em conseqüência, a política definida por Kruschev, por exemplo, em seu discurso de 6 de julho de 1959:

> Seja ou não simpático teu vizinho, não há outra coisa a fazer senão encontrar um terreno comum de entendimento com ele, pois nós possuímos apenas um planeta... A coexistência pacífica significa a renúncia à guerra como meio de resolução de questões litigiosas[21].

Essa oposição era tão mais violenta que foi após sua viagem aos Estados Unidos que Kruschev decidiu não proporcionar seus conhecimentos de tecnologia nuclear à China, denunciando, assim, o tratado secreto de 15 de outubro de 1957, assinado por ocasião da viagem de Mao Tse-tung a Moscou.

A "solidariedade socialista" não resistiu à lógica nuclear. Ninguém pode negar que tenham intervindo rivalidades ideológicas e políticas nas relações entre os dois países, após a morte de Stalin, também não se pode negar que tenham surgido rivalidades clássicas de poder. Mas um fato essencial é que, tendo tomado consciência de suas responsabilidades como potência nuclear, a União Soviética reagiu em função da lógica nuclear temendo os riscos da "escalada", decorrentes de qualquer recurso à força, e opondo-se à proliferação das armas nucleares, tornando

---

21. Este discurso está reproduzido em *Ce que je pense de la coexistence pacifique*, p. 1-15.

os termos do equacionamento da questão quase que os mesmos tanto em Washington como em Moscou. Pequim não podia deixar de ver essa convergência como uma traição ideológica, que utilizou para mascarar sua contrariedade por ter que realizar por si própria as pesquisas e os trabalhos que iriam lhe permitir tornar-se uma potência nuclear. Essa é a origem da oposição da China à própria noção de coexistência pacífica. A guerra fria proporcionava justificativas à sua intransigência e à sua agressividade, a coexistência pacífica as anulava.

BIBLIOGRAFIA

Não seria possível estabelecer uma bibliografia exaustiva referente às questões e aos problemas designados pela expressão "guerra fria". Isso porque existem, de fato, poucos domínios que não estejam, direta ou indiretamente, relacionados à confrontação Leste-Oeste na primeira fase da era nuclear. Relembrar as razões pelas quais os Estados Unidos e a Europa sentiram a necessidade de estabelecer um sistema de segurança coletivo equivale a ir além da diplomacia stalinista para considerar as solidariedades atlânticas (pois a criação da O.T.A.N. não foi um epifenômeno dessa diplomacia, nem um simples episódio da guerra fria), os novos fatores intervenientes nas relações internacionais (especialmente o dualismo político e militar), os fundamentos ideológicos e geopolíticos da política exterior da U.R.S.S., as transformações técnicas e conceptuais determinadas pelas possibilidades de utilização da energia nuclear com fins militares, a relativização de diversas idéias tradicionais pela lógica nuclear, etc. Recordar a opção de Kruschev em favor da coexistência pacífica conduziria ao estudo detalhado das conseqüências da morte de Stalin, das lutas dos homens e das tendências pelo poder, dos fatores ideológicos (relativos às rivalidades clássicas entre Estados) da ruptura Moscou-Pequim, etc.

Por outro lado, o período da guerra fria é muito recente para que os arquivos oficiais possam ser consultados. As *Memórias* das personalidades ocidentais, por mais interessantes que sejam, permanecem superficiais se desejarmos "ir um pouco mais longe". A *Correspondência secreta* entre Stalin e Roosevelt, Churchill, Truman e Attlee (Plon, 1959) proporciona muito poucos elementos que já não fossem conhecidos. Não existem *Memórias* do lado soviético, e as recordações de Zhukov sobre a tomada de Berlim (Plon, 1970), por exemplo, não vão além de considerações militares que já eram conhecidas.

O mesmo ocorre no que diz respeito às organizações internacionais. As publicações das Nações Unidas não tratam de problemas políticos. Nada, exceto comunicados oficiais, pode ser obtido em termos de informação das reuniões do Pacto de Varsóvia. O volume publicado pelos serviços de informação da O.T.A.N., *O.T.A.N. — os cinco primeiros anos* (1955) tem o mérito de fornecer muitas informações, porém a publicação mensal *Nouvelles del'O.T.A.N.* é insignificante.

Tendo sido essencialmente um estado de fato, a guerra fria foi objeto de alguns raros estudos conceituais. Foi de uma forma como que *a contrario* que ela foi estudada pelo jurisconsulto soviético G. I. Tunkin em seu *Droit international public* (Pedone, 1965), que fez da coexistência pacífica uma das constantes do pensamento soviético após Lenin. Sem dúvida, existem traduções em francês de certos discursos e relatórios porém, no essencial (e isto vale especialmente para ao *Anuário Soviético de Direito Internacional*) os pontos de vista soviéticos são dificilmente acessíveis. Estes podem ser encontrados nas publicações de inspiração comunista ou, pelo menos, simpáticas às teses comunistas, quer se trate da *Nova Democracia*, dos *Cadernos Internacionais*, da *Vida Internacional,* dos *Problemas da Paz e do Socialismo*, das *Pesquisas Internacionais à Luz do Marxismo*, etc. Nessa perspectiva, os discursos pronunciados por Frédéric Joliot-Curie na qualidade de presidente do movimento mundial da paz, e reunidos sob o título *Cinq années de lutte pour la paix* (Défense de la paix, 1954) apresentam um interesse particular, quer se trate dos conflitos, do problema alemão, das armas nucleares, etc.

A história da guerra fria como tal só foi "contada" por John Lukacs, em *Guerre froide* (Gallimard, 1962) e por André Fontaine, em *Histoire de la guerre froide* (Fayard, 1965 e 1967). Mas suas origens foram analisadas por F. F. Fleming, em *The cold war and its origins* (Allen and Unwin, 1961), por F. Langenhove, em *La crise du sistème de sécurité collective des Nations unies* (Institut belge des relations internationales, 1958), e por Paul-Henry Spaak, no primeiro volume de seus *Combats inachevés* (Fayard, 1969) que, na qualidade de presidente da Assembléia Geral da primeira sessão da O.N.U., foi testemunha dos primeiros sinais oficiais da guerra fria e que em 28 de setembro de 1948 pronunciou o famoso discurso no qual fez do medo a base da política dos países da Europa Ocidental.

Sobre um plano mais geral, os livros de Raymond Aron: *Le Grand Schisme* (Gallimard, 1948), *Les Guerres en chaine* (Gallimard, 1951), *L'Opium des intellectuels* (Calmann-Lévy, 1965), *Paix et guerre entre les nations* (Calmann-Lévy, 1962) e *Le Grand Débat* (Calmann-Lévy, 1963) são indispensáveis, bem como o livro de Jean Laloy, *Entre guerres et paix*, 1945-1965 (Plon, 1965).

Em uma perspectiva mais restrita, as memórias do General Paul Stehlin, *Témoignage pour l'histoire* e *Retour à zéro* (Robert Laffont, 1964 e 1968) são ainda mais preciosos na medida em que se constituem no "testemunho de um ator".

A importância do "fato nuclear", as repercussões que provocou sobre os fundamentos e os procedimentos da diplomacia explicam o fato de que certo número de obras tenham sido escritas para abordá-lo. Entre estas, podemos citar:

BEAUFRE, General. *Introduction à la stratégie* (Armand Colin, 1964); *Dissuasion et stratégie* (*Ibid.*, 1964), *Stratégie de l'action* (*Ibid.*, 1966).

BLACKETT, P. M. S. *Les conséquences militaires et politiques de l'enérgie atomique* (Albin Michel, 1949).

BOUTHOUL, G. *Sauver la guerre* (Grasset, 1962).

BRODIE, B. *The absolute Weapon* (Princeton, 1956); *La Guerre nucléaire. Quatorze essais sur la nouvelle stratégie américaine* (Dencel, 1965).

DELMAS, Cl. *Les Options stratégiques de l'Occident depoirs 1945* (Revue militaire d'information, VII/1961); *Le Pensée militaire américaine et la defense de l'Occident* (Forces aériennes françaises, II/1962); *Conditions et exigences de la défense de l'Europe* (L'Europe en formation, III/1967); *La Stratégie nucléaire* (P.U.F.., 2ª ed., 1968); *Histoire politique de la bombe atomique* (Albin Michel, 1967).

GAVIN, James. *War and Peace in the Space Age* (Princeton, 1957).

GALLOIS, P. M. *Stratégie de l'âge nucléaire* (Calmann-Lévy, 1960); *Les Paradoxes de la paix* (Editions Internationales, 1967).

GILPIN, R. *American scientists and nuclear weapons policy* (Allen and Unwin, 1962).

HALPERIN, M. H. *Limited war in the Nuclear Age* (John Wiky, 1963); *La Chine et la bombe* (Calmann-Lévy, 1966).

HAMON, L. *La Stratégie contre la guerre* (Grasset, 1966).

HART, L. *Deterrence or defense?* (Macmillan, 1962); *Histoire mondiale de la stratégie* (Plon, 1962).

HASSNER, P. *Les Diplomaties occidentales* (Armand Colin, 1966).

HERZ, J. H. *International relations in the atomic age* (London Press, 1959).

JACQUOT, P. *Essai de stratégie occidentale* (Gallimard, 1953); *La Stratégie périphérique devant la bombe atomique* (Gallimard, 1954).

KHAN, H. *On thermonuclear war* (Princeton, 1961).

KISSINGER, H. *Missiles and the Western Alliance* (Foreign Affairs, III/1968); *The search for stability* (*Ibid.*, IV/1959); *Nuclear weapons and foreign policy* (Princeton, 1957); *Necessity for choice* (*Ibid.*, 1960); *Les Malentendus transatlantiques* (Denoel, 1966).

MERAY, T. H. *La Rupture Moscou-Pékin* (Calmann-Lévy, 1966).

ROUGERON, C. *La Guerre nucléaire – Armes et parades* (Grasset, 1962).

SCHELLING, M. *Strategy and Arms Control* (Council of Foreign, 1961).

SNYDER, G. H. *Deterrence and Defense* (Princeton, 1961).

STEHLIN, P. *Evolution de la stratégie vers la rupture de la parité nucléaire* (Revue de l'Atlantique-Nord, IV/1958); *Réalités stratégiques en 1939 et vingt ans après* (Revue de défense nationale, V/1959); *Réflexions sur la stratégie soviétique à l'égard de l'Europe* (Revue militaire générale, IX/1960).

WOHLSTETTER, A. J. *The delicate balance of terror* (Foreign Affairs, I/1960).

O essencial da bibliografia da "guerra fria" está nesses trabalhos e nos que foram por eles inspirados – e ressaltamos o fato de que todos eles são de origem ocidental. Por duas razões principais (atraso em termos de adaptação conceitual com relação às novidades técnicas em matéria de armamentos e o segredo imposto a tudo que transcenda as declarações oficiais), o pensamento soviético é conhecido apenas por suas expressões oficiais, sem que se possa contar com trabalhos que expliquem sua gênese e suas evoluções. É, portanto, necessário fazer referência a publicações ocidentais como, por exemplo, os *Documents on International Affairs, 1944-1948* (Oxford University Press, 1952) ou o *Dossier de Berlim* (U.S.I.S., 1959).

Por outro lado, cada uma das crises da guerra fria deu origem a tantos comentários que não seria correto citar apenas alguns. Sobre a guerra da Coréia, para ficarmos apenas neste exemplo, se as *Memórias* de Truman são indispensáveis, elas devem ser completadas por *l'Enigme MacArthur* de John Gunther (Gallimard, 1951) e mais ainda por *Le droit de veto dans l'organisation des Nations Unies* de Georges Day (Pedone, 1952), e por *l'Organisation des Nations unies et le conflit coréen*, de Marc Frankestein (Pedone, 1952).

Do *Memorial de Roosevelt* (Plon, 1950) de Robert Sherwood às *Memórias* de Cordell Hull (Macmillan, 1948), das *Cartes sur la table* (Morgan, 1947) de James Byrnes ao *Journal* de James Forrestal (Amiot-Dumont, 1949), de *Yalta, Roosevelt et les Russes* de Stettinius (Plon, 1951) à *Yalta* de Arthur Comte (Robert Laffont, 1967), etc., são inúmeros os testemunhos – elementos de informação e de crítica demasiado numerosos para que possam ser citados aqui e que valem menos por si mesmos do que em função do que se pode obter de seu confronto.

Para aqueles que procuram uma cronologia e um registro dos acontecimentos podemos, por fim, recomendar o volume anual do *l'Anée politique et parlementaire* (P.U.F., Paris).

Coleção Khronos

1. *O Mercantilismo*, Pierre Deyon.
2. *Florença na Época dos Medici*, Alberto Tenenti.
3. *O Anti-Semitismo Alemão*, Pierre Sorlin.
4. *Os Mecanismos da Conquista Colonial: Os Conquistadores*, Ruggiero Romano.
5. *A Revolução Russa de 1917*, Marc Ferro.
6. *A Partilha da África Negra*, Henri Brunschwig.
7. *As Origens do Fascismo*, Robert Paris.
8. *A Revolução Francesa*, Alice Gérard.
9. *Heresias Medievais*, Nachman Falbel.
10. *Armamentos Nucleares e Guerra Fria*, Claude Delmas.
11. *A Descoberta da América*, Marianne Mahn-Lot.
12. *As Revoluções do México*, Américo Nunes.
13. *Rosa de Luxemburgo e a Espontaneidade Revolucionária*, Daniel Guerin.

Este livro foi impresso na
POLIGRAFICA LTDA.
291-7811 - 291-1472